康养产业理论与实践系列研究 · 总主编 张旭辉

KANGYANG CHANYE
JINGZHENGLI PINGJIA YANJIU

康养产业
竞争力评价研究

杨勇攀　肖亮 / 著

中国财经出版传媒集团

经济科学出版社
Economic Science Press

· 北京 ·

图书在版编目（CIP）数据

康养产业竞争力评价研究/杨勇攀，肖亮著 . －－北京：经济科学出版社，2023.12

（康养产业理论与实践系列研究/张旭辉总主编）

ISBN 978 - 7 - 5218 - 5432 - 9

Ⅰ. ①康⋯　Ⅱ. ①杨⋯②肖⋯　Ⅲ. ①养老 - 服务业 - 产业发展 - 竞争力 - 研究 - 中国　Ⅳ. ①F726. 99

中国国家版本馆 CIP 数据核字（2023）第 247904 号

责任编辑：刘　丽
责任校对：李　建
责任印制：范　艳

康养产业竞争力评价研究

杨勇攀　肖　亮　著

经济科学出版社出版、发行　新华书店经销

社址：北京市海淀区阜成路甲 28 号　邮编：100142

总编部电话：010 - 88191217　发行部电话：010 - 88191522

网址：www. esp. com. cn

电子邮箱：esp@ esp. com. cn

天猫网店：经济科学出版社旗舰店

网址：http://jjkxcbs. tmall. com

北京季蜂印刷有限公司印装

710 × 1000　16 开　11.5 印张　160000 字

2023 年 12 月第 1 版　2023 年 12 月第 1 次印刷

ISBN 978 - 7 - 5218 - 5432 - 9　定价：60.00 元

▶ 总　序 ◀

一、肇始新路：迈步新时代的中国康养产业

就个人而言，健康既是最基本的需要，又是最终极的需要；就社会而言，健康既是人类一切经济社会活动得以展开的前提，也是经济社会发展的最终目标。作为5000年辉煌文明绵延不绝的国家，中华民族早自商周时期，便开始了对各类强身健体、延年益寿方术的探究，其后更开创了深具辩证思想与中华特色的传统医学体系和养生文化。我国传统医学中"治未病"的思想及其指导下的长期实践，在保障国民身体健康中持续地发挥着巨大的作用。相对于西方医学，传统中国在强身健体领域的理论与实践内在地契合现代医疗健康理念从疾病主导型向健康主导型的转变趋势。

但受制于发展水平和物质技术条件的限制，"早熟而晚成"的传统中国，长期陷入"低水平均衡陷阱"而难以自拔。亿兆生民虽终日劳碌仍求温饱而难得，更遑论对健康长寿的现实追求。逮至16~18世纪中西方发展进入"大分流"时代，双方发展差距渐次拉大。西方政治—经济—军事霸权复合体携炮舰与商船迅速叩开古老中国的大门。白银的长期外流摧毁了晚清的经济体系，鸦片的肆虐则同时摧毁了国民的身体与精神。

由是，国民之健康与否不再仅仅是一种个体的表现，而是成为国家机体是否健康的表征，深切地与中国能否作为一个合格的现代国家自立于世界民族之林这样的宏大命题紧密关联。是以，才有年轻的周树人（鲁迅）受激于国民的愚弱，愤而弃医从文，以求唤起民众，改造精神。

是以，才有青年毛泽东忧于"国力苶弱，武风不振，民族之体质，日趋轻细"，愤而发出"文明其精神，野蛮其体魄"的呼声。彼时，帝制已被推翻，民国得以建立。然而先是军阀混战，继而日寇入侵，兵连祸结，民不聊生。内忧外患之下，反动贪腐的国民政府自顾尚且不暇，又何来对国民健康之关注与投入。

直到 1949 年中华人民共和国成立，中国之医疗卫生事业才得以开启新路。在中国共产党的领导下，新中国医疗卫生事业取得了辉煌的成就，被世界卫生组织誉为"发展中国家的典范"。计划经济时期，通过三级医疗卫生服务体系、"赤脚医生"、合作医疗等制度创新和独特实践在全国范围内建立了全球规模最大的公共卫生体系，保障了全体人民都能享受到最基本、最公平的医疗服务。改革开放时期，医疗卫生事业市场化改革深入推进，医疗卫生机构被赋予更多自主权，民间资本得以允许举办医疗机构，大幅拓宽了医疗卫生资源的供给渠道，缺医少药情况有了根本性的改观。同时，启动多轮医改，力求探索出"医改这一世界性难题的中国式解决办法"，以建设好"维护十几亿人民健康福祉的重大民生工程"。

进入新时代，我国社会的主要矛盾由"人民日益增长的物质文化需要与落后的社会生产之间的矛盾"转化为"人民日益增长的美好生活需要和不平衡不充分的发展之间的矛盾"。广大人民群众对健康的需要进一步提升。"民之所忧，我必念之；民之所盼，我必行之"。2015 年，"健康中国"上升为国家战略；2016 年，《"健康中国 2030"规划纲要》出台；2021 年，《中华人民共和国国民经济和社会发展第十四个五年规划和2035 年远景目标纲要》对全面推进"健康中国建设"进行了专门部署；2022 年，党的二十大报告再次强调"推进健康中国建设，把保障人民健康放在优先发展的战略位置"。中国的卫生健康事业正按照习近平总书记"树立大卫生、大健康的观念"的要求，从"以治病为中心转变为以人民健康为中心"。狭义的医疗卫生事业也扩展为大健康产业，其内涵、外延均变得更加丰富。作为"健康中国"五大建设任务之一的"健康产业发展"，在新时代得以开启蓬勃发展的新阶段。

二、道启新篇：康养产业发展亟需理论与实践创新

人民健康是民族昌盛和国家富强的重要标志。推进"健康中国"建设，既是全面建成小康社会、基本实现社会主义现代化的重要基础，更是全面提升中华民族健康素质、实现人民健康与经济社会协调发展的时代要求。推动康养产业发展构成了推进"健康中国"战略的重要抓手。然而客观地评价，虽然发展康养产业日渐成为投资热点，但总体上仍处于较为粗放的发展阶段。与之相对照，学术界对康养产业的关注虽持续走高，但同样处于起步阶段。现有成果主要集中在对康养产业的概念、内涵以及各地康养产业发展现状和前景的描述性分析上。对康养产业结构演进趋势、发展业态、发展模式、评价指标体系等的研究尚待深入。在康养政策法规、技术与服务标准等对产业发展具有重要支撑作用的研究领域尚未有效开展。新时代我国康养产业的高质量发展亟需理论与实践的双重创新。

在这样的背景下，"康养产业理论与实践系列研究"丛书的付梓可谓恰逢其时。丛书共包括六本，既相互独立又具有内在的逻辑关联；既注重对康养产业发展基础理论体系的构建，也兼顾对典型实践探索的经验总结；既注重对现有理论的充分借鉴并结合康养产业实际，对康养产业发展动力机制、投融资机制、发展模式与路径展开深层的学理化阐释，也兼顾产业竞争力评价、发展政策、产业标准等方面的应用性研究。丛书突破单一研究视野狭窄、以个案式分析为主的不足，构筑了一个较为完整的康养产业发展理论与实践体系。

具体而言，《康养产业发展理论与创新实践》起着总纲的作用，分康养产业发展理论与康养产业创新实践上下两篇。理论部分从宏观视角回顾了我国康养产业发展的历史脉络与发展趋势、国内外康养产业典型经验，构建了康养产业的产业经济学研究框架和公共经济学研究框架，建立了康养产业发展的理论基础，对康养产业统计检测与评价体系等进行了深入的分析。产业实践部分对攀枝花、秦皇岛、重庆石柱等的康养产业创新探索进行了总结提炼。《康养产业发展动力机制与模式研究》采用

宏微观结合的研究视角，分析康养产业产生的经济社会背景，聚焦于康养产业融合发展的动力机制的学理分析和典型模式的经验总结，并对未来康养产业的演进趋势展开前瞻性分析。康养产业涉及范围广、投资周期长，其高质量发展对于大规模资金的持续有效投入有较高的需求。《康养产业投融资机制研究》从康养产业的产业属性出发，构建了多主体参与、多方式协调配合的投融资体系。《康养产业竞争力评价研究》构建了一个涵盖自然资源、医疗资源、养老服务、政策环境等因素的产业竞争力评价体系，从而为不同区域甄别康养产业发展优势和不足提供了一个可供参考的框架，也为差异化的政策设计提供了参考。科学而具有前瞻性的产业发展政策是康养产业高质量发展的重要支撑。《中国康养产业发展政策研究》以时间为序，从康养产业财税政策、金融政策、土地供应、人才政策、医养结合政策、"康养+"产业政策六大方面对政策分类进行了系统的整理、统编、评述和前瞻，全面总结了中国康养产业发展政策方面的现有成果，并就未来政策的完善与创新进行了深入的分析。《康养产业标准化研究》则充分借鉴国际经验，结合我国的实际，就康养产业标准化的内容与体系、标准化实施与效果评价展开分析。

尤需说明的是，丛书作者所在的城市——攀枝花市是我国典型的老工业基地和资源型城市，有光荣的传统和辉煌时期。进入新时代，显然需要按照新发展理念构建新的格局，探索新的发展动力，创新发展业态，由此康养产业应运而生，也成为了我国康养产业发展的首倡者、先行者与引领者，其在康养领域多维多元的丰富实践和开拓创新为产业界和学术界所关注。丛书的作者均为攀枝花学院"中国攀西康养产业发展研究中心"——四川省唯一一个以康养产业为主题的省级社科重点研究基地的专兼职研究人员。也正是在这个团队的引领下，攀枝花学院近年来深耕康养研究，成为国内康养研究领域发文数量最多的研究机构。而"康养产业理论与实践系列研究"丛书，正是诞生于这样的背景之下，理论探索与实践开拓相互促进，学术研究与区域发展深度融合，可谓扎根中国大地做学问的一个鲜活示范。该丛书的出版，不仅对于指导本地区的康养产业高质量持续发展，而且对全省乃至全国同类型地区康养产业的发展都有指导和借鉴的意义。

　　展望未来，康养产业具有广阔的发展前景，是一个充满机遇与挑战的领域，需要我们以开放的心态和创新的思维去面对和解决其中的问题。随着技术的不断创新、政策的不断优化、人们健康观念的不断提升，康养产业将会在未来发挥更加重要的作用。同时，也需要我们不断探索、不断实践，推动康养产业的健康发展，"康养产业理论与实践系列研究"就是一次有益的尝试和探索。相信今后在各方的共同努力下，我国的康养产业将会迎来更加美好的明天。

　　是以为序，以志当下，更待来者！

2023 年 9 月 20 日于成都

▶ 前　言 ◀

对生命的珍视、对健康的追求是人类文明、社会进步的重要标志和社会风尚，而融合了养老、运动、旅游、文化、医疗以及生产制造业的康养产业则是有效呼应人类需求，推进经济与社会协同发展的新兴经济增长点。因此，自国家"健康中国"战略实施以来，我国诸多地区越来越重视人民群众日益增长的健康需求和经济发展新趋势，纷纷采取各种政策措施，加快培育康养产业。同时，各科研机构也积极开展康养相关理论研究，以指导康养产业积极健康快速发展。

美国哈佛大学教授迈克尔·波特认为：国家的实力根植于该国产业和产业集群的表现，国家竞争优势也正是该国许多产业发展的综合表现。本书聚焦于我国各典型地区康养产业与关联产业的融合发展现实情景，结合产业经济学、新结构经济学理论，从竞争力研究的角度，基于新发展理念，以高质量发展为原则，从产业禀赋、产品提供、政府治理、社会影响等角度，创新构建康养产业竞争力评价模型。该模型借鉴地区产业竞争力有关研究，以变异系数和主成分分析创新赋权权重，并以高质量发展为出发点，注重质量、结构、效率的均衡和协调，对国内有关城市和地区开展康养产业竞争力评价。最后，本书从生产要素、产业标准、数字赋能以及政策机制、金融支持、供应链协同、绿色发展等角度具体探讨了我国康养产业竞争力提升的主要途径和具体政策建议。本书构建的康养产业竞争力评价模型和康养产业高质量融合发展的理论分析体系是我国康养产业评价理论的一次有益探索，对我国地方政府和企业开展康养产业活动具有一定的指导意义。

　　本书共7章，第1章主要介绍康养产业竞争力研究的背景、意义、现状以及理论基础；第2章主要分析了中国部分地区康养产业供需现状、康养产业发展的主要特征、康养产业区域化发展竞争力分析及趋势；第3章主要分析了各类康养产业竞争力培育路径；第4章分析了中国康养产业发展面临的主要障碍；第5章基于竞争力理论，对康养产业竞争力评价的模型和指标体系构建开展了有关研究；第6章则根据康养产业竞争力评价模型对国内20个康养城市进行了竞争力评价实证；第7章根据实证结果，从产业规划、资源配置、产业政策、业态融合、数字赋能等方面给出了系列竞争力构建对策建议。全书由攀枝花学院中国攀西康养产业研究中心组织人员撰写，杨勇攀撰写第1章，肖亮与赵冬阳撰写第2章，肖亮撰写第3章、第4章、第7章，杨勇攀与姚安寿撰写第5章与第6章，由杨勇攀、肖亮统稿，许杨校稿。

　　在本书的撰写过程中，借鉴了国内外的一些专家学者的学术观点和最新研究成果，同时参阅了一部分媒体网站和资料，在此表示感谢！

　　由于作者水平有限，疏漏之处在所难免，敬请各位读者和专家给予批评指正。

杨勇攀　肖　亮

2023 年 9 月 8 日

▶ 目　录 ◀

第1章 绪　　论

1.1　研　究　背　景

随着社会经济的发展，人们工作生活压力越来越大。据世界卫生组织统计，约有70%的人长期处于亚健康状态，人们对于健康生活的追求已经逐渐成为生活的动力之一。因此，习近平总书记强调"没有全民健康，就没有全面小康"，要求"树立大健康的观念……以人民健康为中心……推动全民健身和全民健康深度融合"。① 时任总理李克强强调，"要努力把健康产业培育成为国民经济的重要支柱产业"，② 2016年10月，中共中央、国务院印发《"健康中国2030"规划纲要》，对康养产业发展作出明确指示：促进健康与养老、旅游、互联网、健身休闲、食品融合，催生健康新产业、新业态、新模式。明确2016—2030年为"健康中国"建设的重要战略机遇期，并对推进"健康中国"建设的总体战略、指导思想、战略主题、战略目标和具体举措作了周详安排，呼应了习近平总书记对老龄事业提出的全面协调可持续发展的要求。2017年，党的十九大报告提出，构建养老、孝老、敬老政策体系和社会环境，推进医

---

① 白剑峰，王君平，陈晨曦，等．全民健康托起全面小康——习近平总书记关心推动健康中国建设纪实［N］．人民日报，2020－08－08．
② 《十八大以来治国理政新成就》编写组．十八大以来治国理政新成就（上）［M］．北京：人民出版社，2017．

养结合，加快老龄事业和产业发展。这为新时代中国特色康养事业指明了方向。2019 年 7 月，国务院印发《关于实施健康中国行动的意见》（以下简称《意见》）。《意见》强调，国家层面成立健康中国行动推进委员会，制定印发《健康中国行动（2019—2030 年）》。在中央的积极推动下，全国老龄委、卫健委、林业局、文化和旅游部等部门密集出台系列涉及康养产业发展政策文件，从完善国民健康政策、深化医药卫生体制改革、加强基层医疗卫生服务体系和全科医生队伍建设、健全药品供应保障制度、倡导健康文明生活方式、实施食品安全战略、传承发展中医药事业、大力推进森林体验和康养、加快老龄事业和产业发展等方面，对全民健康战略作出周密部署，在国家层面构建起较完善的康养政策法规体系。康养产业在"健康中国"战略背景下已经成为一个具有巨大潜力的新兴产业，康养研究也同时成为政界、学界共同关注的热点话题。

1.2 研究意义

"康养"是健康、养老的统称。"康"是方向，"养"是过程。康养主要指通过运动、健身、休闲、度假、养生、养老、医疗等功能实现，使人在身体、心灵、生活、社会适应性等方面都处于健康良好的状态。2017 年 12 月出版的中国首本蓝皮书《中国康养产业发展报告》中，将康养产业的核心功能定义为"尽量提高生命的长度、丰度和自由度"。这一定义大大扩展了康养产业的发展空间。实际上，康养需求是人类对自身发展的选择，它将伴随着人的生命全过程。无论是幼年、青年、壮年还是老年，不同的年龄段对于康养的需求可能会有所差别，但对生命的珍视、对健康的追求终将是人类文明、社会进步的重要标志和社会风尚。

分析不同阶段的经济发展特征，人均 GDP 是一个很有用的指标，它到达什么水平，就必然出现什么样的消费现象和产业现象，相应地就出现什么样的商机。研究发达国家的演变轨迹，然后对应中国走到了哪个阶段，这是分析商机走向和商潮变迁的一条认识路线，具有很高的参考价值。20 世纪 70 年代中期，世界银行在其年度发展报告中开始将国家按照人均国民生产总值（GNP）分类改为按照人均国民收入（GNI）分类。根据世界银行 2007 年的调查报告对发达国家的经验分析，当人均 GDP 超过 1000 美元时，居民的补钙需求集中爆发，乳制品行业将进入快速增长期。当人均 GDP 达到 3000 美元左右时，私车消费爆发增长，休闲旅游为主选，啤酒消费量大，娱乐消费比重提高，步入便利店、时尚店、品牌店时代，形成差异化消费。中国《年度统计公报》显示，人均 GDP 水平达到 5000 美元时人们对健康和精神的消费支出有显著提高，健康消费成为这一阶段家庭消费的重要增长点。2011 年我国人均 GDP 就已经超过 5000 美元，到 2018 年与康养产业密切相关的养老、卫生等行业，劳动者报酬占增加值的比重已经达到 75% 以上，远超过国民经济各行业加权平均的劳动者报酬占增加值的比重（51.4%）。2020 年，《中国康养产业发展报告（2021）》显示，中国康养产业市场消费需求在 5 万亿元以上，随着康养产业的供给不断增加，预计 2030 年中国康养产业市场消费需求将达到 22 万亿元，产业远景十分可期，发展康养产业已经成为共识。

2014—2050 年我国老年人口的消费潜力将从几万亿元增长到近百万亿元，见表 1 - 1。健康产业将成为超过房地产的朝阳产业。

表 1 - 1　　　　　　　　中国老年人消费潜力及预测

年份	可比价总额/亿元 （2010 年价）	增长率/（%）	老年消费与 GDP 之比率 /（%）（2010 年可比价）
2014	38145	14.3	6.9
2015	43469	14.0	7.3
2016	49328	13.5	7.7
2017	55982	13.5	7.1
2018	62837	12.2	8.5

续表

年份	可比价总额/亿元 （2010 年价）	增长率/（%）	老年消费与 GDP 之比率 /（%）（2010 年可比价）
2019	69699	10.9	8.8
2020	76592	9.9	9.0
2030	222535	10.4	15.4
2040	470402	6.2	21.5
2050	888846	6.9	28.0

资料来源：根据《国民经济和社会发展统计公报》整理。

另外，围绕康养的研究也是近年来经济学研究领域的热点。与传统产业不同，康养产业除了其借以发展的资源环境禀赋差异外，还因其是以保护人的生命、增进人的健康和满足人的精神文化需求为目标，以提供康养服务为主要业态的各种产业集合。因此，康养产业是新兴的复合型产业。康养产业与其他产业融合为其发展找到了新的载体和领域，要在融合发展中挖掘载体产业的康养元素和二者的联系点，探讨康养产业运营模式、技术服务等与载体产业结合，为载体产业注入康养元素，为康养产业创造新的发展机遇、新的产业形态、产品和服务，满足康养消费者的多样化需求，从而在融合发展中拓展康养产业的领域和市场。但其不会自然而然地实现与其他产业融合，取得预期的发展效果。应对不同产业的特点和相互融合机理进行深入研究，科学推进，促使康养产业与其他相关产业深度有机融合，相得益彰。

通过发展康养产业，能够有效促进当地基础设施设备、旅游文化业、餐饮服务业等多个产业的共同发展，以此促进地区经济建设完整化和全面化。利用不同地区风土人情打造因地适宜的康养产业，能够突出各地域间的经济、文化特点；利用沟通交流对"同"和"异"的加强，能够形成各政府、各企业间来往，不仅保障了地区经济能够得到快速发展，还能令周边地区与康养产业的中心地域形成交流与合作。康养产业通过建立不同地域与经济间的关系，合理利用各地区间的生产要素进行资源合理分配，保障资金流动，实现经济增长。

综合我国现有政策和康养产业发展实际情况看，根据消费群体、市场需求、关联产业、资源差异和地形地貌的不同，可以衍生出不同的康养产业类型。主要产业形式包括与自然资源利用相关的森林康养、文旅康养；与医疗资源相关的养老康养、医疗康养以及围绕服务提供的社区康养、运动康养、健身康养和康养制造业等。康养产业链关联城市建设、生态环境、民风民俗、科技信息、文化教育、社会安全等领域，链接民生福祉、经济社会发展，是当前能够融合较多产业的新兴经济增长点。

近几年的区域康养产业发展实践证明，康养产业的发展模式有其内在规律，不同的产业发展路径在利用商业机遇、利用康养资源、吸引消费者方面还有较大差距，产业发展层次也各有不同。而且，目前对各地康养产业竞争力的评价研究仍属起步阶段，利用评价结果指导产业高质量发展还有很大不足。基于此，借鉴已有的康养产业评价理论体系，结合各地区经济发展的实际需求，运用科学合理的分析模型和相关统计数据，对我国各城市康养产业发展水平和竞争力进行分析，具有重要的理论和现实指导价值。

1.3 研 究 现 状

1. 概念研究

在概念研究方面，国外对康养的研究最初是基于"养生"的。美国医生哈伯特（Halbert）于1961年提出了"养生"概念，并认为自我丰盈的满足状况就是达到了较高层次的养生境界。随后，因为德国森林疗法的时兴，对康养的认知逐渐和旅游结合起来，并形成了一个特色研究方向——康养旅游。古德里奇（Goodrich，1987）提出了健康护理旅游概念。卡雷拉和布里吉斯（Carrera & Bridges，2006）认为，健康旅游是在当地环境之外进行的有组织的旅行，目的是维护、增强或恢复个人身心健康。国内康养概念从古代就早已有之，道家养身论、民间五禽戏、八段锦等都是养身理念下的产物。近年来房红和张旭辉（2020）、周功梅等（2021）、陈心仪（2021）都认为康养既是生态与文化、医疗、历史、地理等多领域的跨界合作，也是生态与休闲、运动、养老、教育等多种业态的深度融合。

2. 产业发展研究

在产业发展研究方面，斯卡伯和彼得斯（Schalber & Peters，2012）分析了阿尔卑斯山国家的健康旅游竞争力，发现自然资源是决定性因素，旅游基础设施、人力资源、需求因素等也具有重要影响。穆勒和考夫曼（Mueller & Kaufmann，2001）等研究了瑞士的养生酒店，对养生酒店的集群情况、设施服务、客源市场进行了分析，提出瑞士的养生酒店应该尤其注意质量管理，以满足高层次客人的需求。黄慧（2016）以"一带一路"为背景，对沿海地区康养旅游产业进行了探讨，总结了沿海城市康养旅游产业的现状，并提出了可参考的发展路径。陈雅婷和郭清（2019）基于浙江省产业集群发展的现状和面临的挑战，研究以产业集群能级跃升带动浙江健康产业集群向高附加值的"微笑曲线"两端发展的路径，认为可通过区域协调、行业互补、产业链构建和信息共享实现全省范围内健康产业集群生态圈协同发展。陈皓阳等（2022）基于积极老龄化视角，利用规则（rule）、机会（opportunity）、能力（capacity）、交流（communication）、利益（interest）、过程（process）及意识（ideology），即 ROCCIPI 技术框架，剖析我国康养产业发展存在的问题，从健全顶层设计、完善市场机制、加强能力建设和加大宣传引导四方面提出对策建议。邹再进和刘芳（2022）从资源、市场、基础条件和环境四个方面构建评价指标体系，发现资源竞争力强的地区能推动森林康养产业与其他产业形成强大合力。林宝（2021）发现，党的十八大以来，国家政策在内容上，由就养老论养老转变为推动医养康养相结合，并提出以需求管理和推动供给侧结构性改革来促进康养养老结合。

3. 产业融合研究

在产业融合研究方面，众多学者都认可康养产业本质上是多产业协同融合的综合产业。赵云云（2011）研究指出，产业融合是养生旅游的本质属性。养生与旅游的融合，是在市场需求变化、科学技术创新、竞争合作压力、经济规制放松等因素的驱动之下，以交叉、渗透、延伸等形式，通过养生产业提供资源，旅游产业创新服务的过程实现的。李强（2014）、赖启航（2016）、陈芳（2018）等结合川西南、滇西北地区发展康养的经验，指出"康养＋"模式对康养产业的发展具有重要的推动作用。对此持反对意见的程臻宇（2018）指出，我国区域康养产业具有公共性、差异性、生态性和人文性等特点，而且区域康养产业的发展并不仅取决于自然条件，而是认知程度、空间要素和适度市场化共同作用的结果。因此，我国区域康养产业的发展不能简单套用"康养＋"概念，而是需要区分区域具体情况。宁晓梅（2018）则以四川峨眉山为例，研究了宗教文化视角下四川峨眉山的康养产业发展问题。金媛媛和王淑芳（2020）指出在乡村生态旅游产业与健康产业融合的系统中，可以运用协同学原理构建协同发展体系，调配制度、市场、企业、产品、技术等子系统，优化政策、资金、人力、物质等资源配置，促进产业的融合发展。

4. 产业评价

在产业评价方面，以康养产业评价为主体的有关评价研究目前并不多，本书的研究思路则是借鉴宏观经济评价以及文旅、森林旅游产业的评价研究，参考康养产业基本属性和发展机制，构建创新的康养产业竞争力评价体系。在宏观经济评价方面，师博和任保平（2018）构建了包含经济增长基本面（强度、稳定性、合理化、外向性）和社会成果（人力资本、生态资本）两个维度的经济发展评价模型，使用联合国人类发展指数和经济脆弱度指数，采用简单而透明的均等权重法赋值获得各省经济增长质量指数，对我国 1992—2016 年省际经济发展进行了测度与分析。潘建成（2018）认为，经济发展可以着重从创新及经济增长新动能、效率、产品质量、社会资源的充分利用这四个维度来评判。任保平和李禹墨（2018）也认为，除了经济指标外，还应当将生态环境、城市基建、医疗保健、教育养老等纳入经济发展评价中。段学军等（2023）遵循创新、协调、绿色、开放、共享、安全 6 个维度构建长江经济带高质量发展评价指标体系，评估了经济带、城市群和城市高质量发展水平，分析了不同尺度单元的高质量发展水平及时空分异特征。鹿晨昱等（2023）基于新发展理念构建了黄河流域高质量发展指标体系，黄河流域高质量发展水平存在显著的空间正相关，热点分布大致呈从东至西先递减后递增的趋势。经济实力、集聚程度、人才供给、财政支出、信息化水平的提升会提高高质量发展水平，工业化水平、污染排放指数的提升会抑制高质量发展水平。在具体的城市文旅、森林康养产业研究方面，宿倩（2004）从城市旅游产业竞争力的现状以及相关理论分析入手，着重对产业竞争力的实质、表现及其形成机理进行了剖析，构建了包含环境因素、资源因素、核心因素的评价体系，实证结果表明，资源因素所形成的比较优势对城市旅游产业竞争力的影响最大，将相对静态的资源因素转换为现实产业优势的核心因素也有相当大的影响。杨春季和魏远竹（2018）基于钻石理论，从生产要素、需求条件、支持产业和政府作用四个方面，通过天然资源、人力资源、资本资源、基础设施、区域发展水平、市场规模、产业结构优化、关联产业、支持产业基础、政府支持、公共服务这 11 个因子、27 个评价指标构建了中国森林休闲产业竞争力评价体系，并采用熵权法进行综合评价。庄明慧（2022）从产业发展视角出发，依据比较分析法对我国华北、华东、华中等七大区域的文旅融合产业差异进行讨论，结果发现我国文旅融合产业发展水平整体还处于低水平低质量发展的初级阶段，产业发展水平的提高主要依托于发展主体的发展和推动，发展条件对产业整体发展的影响在逐年减小，发展潜力所占权重逐年增加，区域内差异是造成区域差异的主要原因。刘玉堂和高睿霞（2020）认为乡村旅游是乡村经济的重要支柱，重拾文化记忆，打造乡村特色文化空间；提高乡村文化辨识度，建立乡村文化创新驱动，完善乡村公共文化服务，构建数字化乡村，实现乡村旅游文化服务水平的全面提升和可持续发展是提升乡村旅游核心竞争力的关键点。魏敏等（2020）从旅游资源禀赋条件、旅游服务配套设施、旅游发展环境支撑、旅游企业经营绩效、旅游产业结构优化和旅游综合功能发挥6个维度构建旅游产业竞争力测度体系。康露（2023）从体育产业的视角构建了体育产业高质量发展评价指标体系，评价框架包含了产业基础、产业质量、产业效率和产业动力四个一级指标。结论表明，良好的发展机遇、完善的产业政策和活跃的市场主体等是体育产业高质量发展水平不断提升的主要原因。中国社会科学评价研究院课题组（2022）构建了中国城市康养产业发展评价指标体系，并基于城市康养产业吸引力、管理力、影响力三大方面为中国康养产业未来发展提出了8点对策建议。总体来看，国内关于康养产业评价的研究目前尚处于起步阶段，有关的研究还需要学者们加大关注力度，持续、深入地开展。

综上所述，康养理论体系经过几十年发展，已经逐渐从康养效果、载体的研究发展到行业、产业的研究。学者们在概念、模式、产业载体、产业评价以及发展机制方面做了大量和深入的研究，成果很丰富。但还是存在对康养产业概念界定不明确，基础理论研究有缺失，特定领域研究较多而理论共性研究较少，评价体系系统性、综合性、动态性有待加强，分析不够深入等不足。这些也是未来康养产业研究的突破点和创新点。

1.4 理论基础

20世纪70年代以来，随着国际贸易的快速增长，产业竞争力有关研究成为了一个非常热门的话题。从经济学角度来看，由于经济效率和生产率差异，形成了主体异质性，也就是竞争力差异。

1.4.1　产业集群与竞争力形成

从世界范围来看，同一产业及其相关产业的企业往往倾向于在地理位置上集中，形成一定区域规模的企业集群，这在经济学中被称为"产业集群"。产业集群中企业在地缘上聚集，相互之间具有紧密的合作共生关系，也因此具有较强的产业竞争力。迈克尔·波特教授指出，国家竞争优势的获得，关键在于产业的竞争，而产业的发展往往是在国内几个区域内形成有竞争力的产业集群。一个地区的竞争力来源于其拥有的产业的竞争力，如果某产业置于一个完善的社会网络中，将会提高其竞争力，从而带动整个地区经济的发展。金碚等（1997）将产业竞争力定义为：在国际自由贸易条件下（或排除了贸易壁垒因素的假设条件下），一国特定产业以相对于他国更高的生产力，向国际市场提供符合消费者或购买者需求的更多的产品，并持续获利的能力。刘小铁和欧阳康（2003）认为，产业内企业竞争力的增强是该产业竞争力增强的基础，但产业竞争力并非企业竞争力的简单相加。更重要的是，从许多企业的个别竞争力转化为综合的竞争力，是一个复杂的"力的合成"过程，其中最主要的是处理好各企业间的关系。各竞争力之间存在一种逻辑关系，这就是产品竞争力—企业竞争力—产业竞争力—国家竞争力。后来金碚（2003）对产业竞争力的概念作了进一步解释："产业竞争力的实质是一国特定产业通过在国际市场上销售其产品而反映出的生产力。"

产业集群的主要特征为空间集聚性、产业关联性、集群根植性、合作竞争性、资源共享性、系统性学习与创新等（王浩，2008）。集群主体在一定的区域范围内相互作用，协调配合，共同发展，从而带动了集群内区域产业竞争力整体水平的提高。产业形成集群的核心内涵就是知识分工、知识共享的外部性带来的报酬递增导致了产业链的整合与分化。裴长洪和王镭（2002）从产业"集合"的属性出发认为产业竞争力首先体现为不同区域或不同国家不同产业（或产品）的各自相对竞争优势，即比较优势。这时竞争力将取决于它们各自的绝对竞争优势，即质量、成本、价格等一般市场比较因素。产业在空间聚集的差异、产业链合作制度安排以及地区产业结构差异导致了产业链竞争力差异（杨锐，2012），所以，提高区域产业竞争力的一个重要方面就是培育区域内产业集群。典型案例如：日本制铜企业与上下游众多产品、成型、模具、材料等企业在业务、组织等方面建立起紧密联系，构建了强大的产品制造体系，进而形成了极强的产业竞争力。

现代企业的竞争已经演绎为企业所加入的产业链之间的竞争。由于企业之间的经济依赖关系，对产业链组织方式的治理也能够形成一定的产业竞争力。新制度经济学派早期比较重视实物资源的交易治理机制研究，但随着知识、信息等无形资源对企业的交易成本降低发挥巨大的作用后，网络组织理论在某种层面上已经改造了新制度经济学分析框架。产业链多主体多链接的网络结构在协调企业行动、提高运作效率方面优势突出，产业链竞争力通过网络组织这种创新模式得以实质性增强。

1.4.2 新结构经济学与政府干预

新结构经济学理论旨在解释市场经济中的结构变化和经济增长。该理论认为，市场并不完美，存在信息不对称和机制失灵等问题，导致市场无法实现有效分配资源和实现社会福利最大化（林毅夫，2012）。因此，政府应该通过干预市场来纠正这些问题，以促进经济发展和社会福利提高。

新结构经济学作为一种经济学理论，主要研究市场制度的性质及其影响力。对于经济学领域中许多前所未有的现象或问题进行了深入的分析和解释。其主要包括以下四个方面。一是制度与合约，即强调交易双方在合同期内的权利、义务与责任，并通过制定有效的规则和手段来保障契约当事人的权益。二是机构设计，即研究企业、政府机构以及其他社会组织的内部管理制度，包括组织结构、激励机制等方面。三是路径依赖，指制度变迁的惯性性质，即历史遗留问题在一定程度上会影响到目前市场的效率和发展。四是治理与监管，即探讨如何通过有效的治理和监管机制来确保市场运行的公平、公正和透明。新制度经济学认为市场经济活动不仅依赖于自由竞争的水平，也受到交易成本的制约，因此必须通过制度建设来改善市场效率和资源配置效果，并且可应用于许多领域，如公共政策、组织管理等。

新结构经济学理论提出了一系列政策建议，如监管市场、提供公共产品、实行税收政策等，以及制定适当的产权制度和契约规定，以提高市场效率和公平性。此外，新结构经济学理论也强调了制度变迁的重要性，认为经济制度的改革和创新是经济发展和社会进步的关键。

对于发展中国家，竞争力战略并不是要去实现某种静态均衡，而是去创造新要素、新市场、新制度和新能力，进而实现"可持续发展竞争力"。因此，竞争力战略的目的实际上是帮助国家或地区实现或构建动态比较优势。其常用方法有自由市场驱动、功能性干预以及选择性干预。产业竞争力的形成是一个优化产业构成的动态过程，该过程是企业与地区通过协同行动来实现。但当产业链上企业间的要素禀赋存在显著差异时，仅靠自由市场是无法实现优势累积的，政府必须实施干预。这也是新结构经济学的存在意义。

1.4.3 康养产业链竞争力形成与协同发展理论

本书根据产业结构理论和竞争力分析，综合分析了康养产业协同发展的关键性要素及其相互作用，整理了如图1－1所示的康养产业协同发展路径。

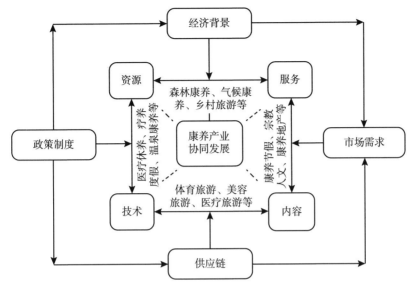

图1-1 康养产业协同发展路径

产业系统是一个具有层次结构的复杂系统，因而其组成要素也具有层次结构关系。产业系统要素在产业系统内部的作用与地位是不同的。根据产业系统要素的分析，我们将其划分为两个层次，即内部生产要素和外部环境要素。

1. 内部生产要素

资源、服务、技术、内容是支撑康养产业建立和发展的核心，其中两种或多种的相互组合衍生出不同种类的康养产业，所以概括为内部生产要素。内部生产要素是产业的核心，是康养产业供给层面的决定因素。

（1）资源。康养资源涵盖内容十分广泛，主要分为文化资源和自然资源两个大类。其中文化资源按内容不同可分为历史文化、工艺艺术、宗教文化、民族特色文化、人文风俗等，也包含了具有文化特色的物质，如特色民居、民族服饰等；自然资源包括土地、气候、森林、水域、生物、天然能源、耕田等。丰富的资源形成了旅游、文娱等产业的基础，如何有效开发和可持续利用成为关键问题。一方面，各地区要合理挖掘，利用其独特的资源优势打造康养特色产业；另一方面，要与其他区域形成协同发展的态势，避免恶性竞争。

（2）服务。从供给主体上划分，服务有服务产业和服务事业之分，前者由生产部门提供，后者由政府提供。从内容上划分，这里的服务具备更广泛意义上的概念，不仅包含常见的餐饮、住宿、旅游服务，还包括仓储物流、通信技术、计算机服务、软件研发业、金融业、房地产业、公共设施管理、卫生和社会保障、文娱体育和教育行业等。发展服务业，要形成较为完备的服务业体系，顺应时代前进的方向，提供能满足人民群众物质文化生活需要的丰富产品。对于康养服务，需要优化发展环境，提高服务水平，尤其需要加强专业人才队伍的建设，进而从整体上提高地区康养产业的核心竞争力，实现长足发展，为康养产业注入源源不断的动力。

（3）技术。科学技术是第一生产力，科技进步与创新在经济发展中日益发挥出举足轻重的作用。康养产业除了依托自然资源，更需要依靠创新科技的力量，在技术和应用两个层面，优化创新产业体系。产业通过数智化运营，进行金融创新、供应链管理、物流保障和人力组织的科学管理，逐级满足康养消费者的马斯洛需求，形成健康的运营生态。

（4）内容。康养的内容，来源于人们对健康和养老的侧重需求，生活水平的提高促进了人民对健康问题的重视，催生了对康养的需求。不同群体侧重不同实际需求，中老年康养主要侧重医疗旅游、慢病管理、健康检测、营养膳食、老年文化等相关及周边产业；妇孕婴幼康养则更多需要母婴健康产品服务，如产前检测、产后恢复、胎儿早教、小儿推拿、妇幼膳食等；青少年康养，更多围绕教育、体育、旅游、美容、养生以及心理咨询等方面展开。

生产要素的不同组合催生出不同的康养产业，积极探索康养与林业、农业、养老、医疗、运动、文化、健身、休闲等产业充分融合，创新产业模式，可以形成康养产业新业态、新模式，成为大健康产业的新引擎、新动能。

2. 外部环境要素

康养产业的发展前景受外部环境制约，良好的产业模式需要以经济背景为基础，政策制度为导向，着眼于市场需求，打通产业供应链。

（1）政策制度。当前背景下，"健康中国""积极老龄化""乡村振兴"等国家战略成为康养产业发展的重要支撑。政府要做好顶层设计，强化政策支持力度，把握政策发展方向。康养产业是典型跨领域融合的朝阳产业，其发展涉及生产、流通、经营、消费等各个环节，其发展壮大需要民政部、老龄委牵头，财政部、国土局、发改委、人力社保局、市场监督管理局、金融等部门充分配合，协同相关企业，合力发展。要健全政府康养协调合作机制，完善资源分配，既要充分利用自身的相对优势推动康养产业差异化、特色化发展，又要整合各种资源弥补康养产业发展基础条件的短板。做到康养工作各地区、各部门上下一盘棋，追求整体利益，把康养工作发展指标纳入各级政府绩效考核目标和民生实事项目。按照"政府引导、社会参与、市场运作"方式，发挥好政府财政资金对康养产业发展的引导作用。相关职能部门对康养产业的创新发展要进行统筹规划，明确职责分工，加强工作协同，严格落实政策。

（2）经济环境。经济环境是产业运行的基础，要为康养产业经济提供坚实的经济基础，就需要促进经济持续增长，以增加居民收入，使更多消费者具备康养消费的能力和意愿。同时，要健全金融系统，为康养产业构建健康的投融资环境，应当鼓励社会资本建设康养社区、康养乡村、康养小镇，吸引重点领域投资，完善康养产业布局，充分发挥市场力量。康养产业的发展需要金融的扶持和助力，未来应借鉴国际经验，营造良好的投资氛围，鼓励社会资本广泛投入，引导长期资本投入康养产业。

（3）供应链。供应链是围绕核心企业，从配套服务开始，提供中间产品以及最终产品，最后由销售网络把产品和服务送到消费者手中的，将供应商、制造商、分销商直到最终用户连成一个整体的功能网链结构。

成功的供应链管理能够协调并整合供应链中所有的活动，最终成为无缝连接的一体化过程。康养产业发展重在产业融合，降低运营成本，增强市场竞争力。供应链是支撑康养服务的开发建设和运营服务的关键一环。形成康养产业集聚区，吸引供应链的各类环节加入产业布局，形成产业集聚和规模效应。

（4）市场需求。我国当前老龄化社会压力加剧，环境污染和社会压力等导致的各种慢性病与亚健康，与此同时经济增长下人民对高品质健康生活的追求，从两个方向催生了养老服务、医疗旅游等康养业态。随着人民收入水平的日益提高，需求重点向更高层次转移，康养产业市场需求庞大，需求结构丰富，发展前景广阔，潜力巨大。

外部环境的四种要素都不是独立存在，而是相互影响的。相关政策的制定需要以民生需求、经济发展水平、产业供应链完善情况为依据，反过来，政策制度作为导向，又会影响经济发展和产业布局，进一步影响产业供应链布局和竞争力形成，而经济发展水平又会通过影响人民生活水平催生新的市场需求。在产业链中，通过竞争性均衡和专业化分工的成本优化，实现相互之间的正外部效应，使得技术、信息、人才、政策以及相关产业要素等资源得到充分共享，聚集于该区域的企业因此而获得规模经济效益，进而大大提高整个产业群的竞争力。而要形成这样的产业优势，不仅要求具备良好的制度保障，要求产业发展与资源、环境相协调，还要求实现产业结构和消费结构的良性互动，即契合市场需求。良好的政策制度是产业供应链的前提，匹配市场需求是产业供应链的内在要求。

产业竞争是一种动态的竞争行为，旨在扩展产业系统的分工程度。产业竞争的本质是力求创造新的生产方式，提高新的生产率，开发新的需求，扩大市场规模。某一产业的空间聚集产生两种影响：一是可以增强集群内企业竞争力；二是集群的协同机制可以促使集群不断增大规模，不断强化竞争力，并循环往复。集群的外部性保证了企业经济效益随着产业规模的扩大而提高。集群内各种要素、信息、知识、技术等在企业间快速传播与应用，公共设施设备共同使用，减少了企业单独建设设施设备的额外成本，专业化外包则可以节省企业的运营费用。同时，企业间利用地理邻近，还可以通过合作、合资、兼并等方式扩大生产、销售，获得规模经济，增强产业集群的对外竞争能力。另外，集群内企业通过专业化分工以及协同，可以获得单独企业难以获得的范围经济。集群内企业可以相对容易地获得原材料、资本、人工、技术等资源，还可以通过产业链分担市场风险，从而扩展企业的生存和发展空间。理论上，规模经济和范围经济具有正反馈效应，一旦产业集群形成，无论是内生动力还是政府引导，外部性都会推动产业集群进一步发展，进而形成一定的竞争力。所以，相对于节约成本，企业更愿意选择形成产业集群。从竞争策略上看，产业系统竞争是以构建能形成产业系统整体竞争力的产业系统结构和交易结构，能引领产业系统上各个企业持续寻找和占领新利润增长点为目标（杨锐，2012）。康养产业在空间上聚集、竞争中协同，以此创造动态比较优势，获得集体的经济增长与收入提高。

所以，本书认为，国内对康养产业竞争力的研究应以新发展理念为指导，以高质量发展为出发点，注重质量第一、效益优先，注重质量、结构、效率的均衡和协调，从宏观与微观、总量与结构、政府与企业、效率与效益等多个维度开展深入持续研究。

第2章 中国康养产业发展概述

2.1 康养产业供需现状

康养产业是一个发展前景极为广阔的新兴产业，在健康中国战略背景下，随着政府扶持政策力度逐步加大，康养产业因其关联性强、覆盖领域广的特征，极易与文化事业、旅游产业、医疗卫生、绿色农业融合创新，迸发出新的生机活力，康养新产业、新业态、新模式不断涌现，外延持续扩大，康养产业进入快速发展的黄金期。

2.1.1 康养产业需求现状

1. 人口老龄化催生老年健康养生需求快速增长

（1）中国老年人口数量占比快速提升。当前全球人口老龄化问题加剧，中国人口老龄化增速世界第一，对于今天的中国来说，人口基数大，经济发展也突飞猛进，但人均占比少，同样也面临着人口老龄化的难题，成为了经济发展的一道阻力。国家统计局的数据显示，2022年末，60岁以上老人已超过2.8亿，65岁以上老人达2.1亿。预计2035年，中国65岁以上人口将突破4亿，总人口占比30%，成为全球人口老龄化程度最高的国家（见图2-1和图2-2）。

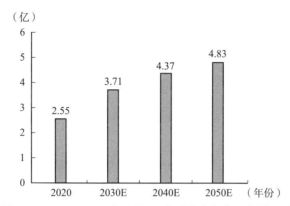

图 2 - 1　2020—2050 年中国 60 岁以上老年人口数量预测

资料来源：中国发展研究基金会《中国发展报告 2020：中国人口老龄化的发展趋势和政策》。

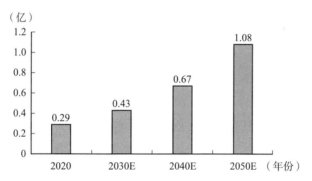

图 2 - 2　2020—2050 年中国 65 岁以上老年人口数量预测

资料来源：中国发展研究基金会《中国发展报告 2020：中国人口老龄化的发展趋势和政策》。

中国老年人口快速增长有多方面原因。首先，随着医疗技术的进步和卫生条件的改善，人们的平均寿命得到了显著延长。其次，新中国成立后，出生于 20 世纪 60 年代第二波生育潮的这部分国民也已经进入退休期，50 年代国民的子女也将在 2030 年前后进入退休期，老年人口数量增长迅速。另外，按照 2022 年国家统计局的数据，全国 60 岁及以上人口占辖区人口比重超过 20% 的包括辽宁、吉林、上海、黑龙江、江苏、四川、重庆、天津、山东、湖北、内蒙古、河北、北京 13 个省份，主要集中在东北、川渝等地区。而从城乡来看，城镇地区老年人数量比农村多，但农村地区老龄化程度比城镇地区更高。我国老龄化呈现出数量多、速度快、差异大、任务重的形势和特点。第七次全国人口普查数据显示，我国 149 个地级以上城市深度老龄化，到"十四五"期末老龄人口将是"十三五"期间的 1.5 倍，越来越多的人选择社会养老方式，并且伴随着中产规模的增长和消费的升级，康养产业发展的的人口红利迅速显现。

（2）老年康养产业市场消费需求规模扩大明显。随着人口老龄化的加剧，老年人口的增长和消费能力的提升将对国家经济和社会产生深远影响。根据《中国康养产业发展报告（2021）》统计，2020 年，中国康养产业市场消费需求在 5 万亿元以上，与过去相比，现代老年人收入更高，理念更开放，更加注重品质生活，愿意为自己的健康和养老投入更多的金钱。他们更加关注健康养生、休闲娱乐、旅游观光等方面的消费。同时，随着社会保障体系的完善和养老金的提高，老年人的消费能力也将进一步增强。根据 2023 年中国数智康养产业大会预测，到 2030 年，中国康养产业市场消费需求规模将达到 20 万亿元，对 GDP 拉动达到 8%，产业远景可期，将成为名副其实的国家经济支柱之一。

老年人口消费潜力的增长给国家经济带来了巨大的机遇。老年人消费是拉动内需的重要力量。中国政府已经意识到了这一点，并采取了一系列措施来促进老年人消费。比如，鼓励发展老年旅游、养老服务、健康养老等产业，提供更多的优惠政策和福利措施。这将带动相关产业的发展，创造更多的就业机会，并提升国内生产总值。

（3）老年人口的快速增长给社会经济带来挑战。首先，我国养老金和社会保障系统面临着巨大的压力，需要提供足够的养老金和医疗保障服务来满足老年人的需求，尤其是人口老龄化的速度加快，而经济发展较为滞后的地区，如中西部地区的非一二线城市，更是面临着老年人口增长和中青年人口外流的双重压力，其养老金和社会保障系统面临着长期的压力。其次，老年人口的增加对医疗服务、康复护理和社区养老设施的需求也提出了更高的要求。但劳动力市场为此的准备还不足，劳动力供给相对偏少，企业可能面临人才不足的问题。再次，老年人的消费需求和偏好与年轻人不同，需要更加个性化、细分化的产品和服务。最后，老年人普遍存在财富不足，消费观念和消费习惯相对保守，对新产品和新技术的接受度较低，这也制约了他们的消费能力。

因此，为了充分激发中国老年人口消费潜力，政府和企业需要采取一系列措施。政府可以加大老年人福利和社会保障的投入，提高老年人的消费能力和生活质量。同时，企业可以加大老年市场的开发和创新，提供更多适合老年人需求的产品和服务。此外，加强老年人的教育和培训，提高他们对新产品和新技术的接受度，也是非常重要的。

总之，中国老年人口消费潜力的增长是不可忽视的趋势。通过充分发挥老年人的消费能力，可以推动国家经济的发展和社会进步。同时，政府和企业需要积极应对老年人消费的挑战，提供更好的保障和服务，为老年人创造更好的生活条件。只有这样，才能实现老龄化社会的可持续发展。

2. 健康产业营收规模持续增长

艾媒咨询（iiMedia Research）数据显示，2014—2021 年，中国的大健康产业整体营收保持增长，2021 年营收规模达 8.0 万亿元，增幅达 8.11%，预计 2024 年将达 9.0 万亿元，如图 2-3 所示。全球大健康产业发展情况与中国基本一致，同样由于社会结构变化而需求不断增长，具有可持续增长性。

3. 广大人民群众的健康消费观念增强

随着社会的发展和经济的进步，人民群众对健康消费的观念也发生了转变。过去，人们普遍认为健康是一种自然的状态，不需要特别关注和投入。然而，频繁发生的全球性疫情传播，给人们的生活以及经济社会发展带来深刻影响，也让人们对医疗健康产业更加关注，人们对健康的认知更加深刻、对自身的健康状况更加关注，除了口罩、消毒液、酒精

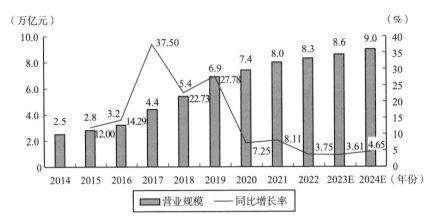

图 2 - 3　2014—2024 年中国大健康产业整体营收及预测

资料来源：艾媒数据中心。

等医疗防护用品紧俏外，消毒柜、空气净化器、健康体检等对健康有益的产品销量也在不断上涨，健康类产品消费市场发展步伐持续加快。美团发布的《2020 春节宅经济大数据》显示：春节期间人们通过美团外卖买了 500 多万只口罩，各类维生素片销量近 20 万单，口罩、消毒液、酒精等产品销量增长迅猛；空气净化器、除菌洗碗机、新风系统等位居苏宁平台热搜榜前列；维生素、养生茶、益生菌等健康类产品也受到消费者追捧。随着生活水平的提高和生活方式的改变，人们越来越意识到健康是一种珍贵的财富，需要通过积极的行动来保护和维护。

（1）康养人群的健康消费指向更加明确。从消费群体的个体健康来看，我们可以把人群分为健康、亚健康和病患三类。当前，这三类康养人群的健康消费观念越来越清晰，健康需求指向也更加明确，主要体现为：健康群体重保养、亚健康群体重疗养、病患群体则重医养。健康人群的康养需求集中在对身心的保养上，即通过健康运动、休息睡眠以及其他心理和精神方面的康养行为等保持身心健康状态。基于健康人群的康养业主要集中在体育、健身、休闲、旅游以及文教和影视等。亚健康人群是目前康养产业最关注的人群之一，对应的康养业主要集中在健康检测、疾病防治、保健康复等行业。如中医养生、保健品、康复运动、心理咨询、休闲旅游等，都是亚健康人群疗养类康养产业的主要构成。临床状态病患人群医养是目前康养产业最成熟的构成，涉及行业主要集中在三个层面，一是诊疗、医护等医疗服务业；二是生物、化学制药等药物制造加工业；三是医疗器械、电子设备等装备制造业。

（2）人们越来越注重身体健康。《健康城市蓝皮书：中国健康城市建设研究报告（2022）》指出，当前，我国城乡居民健康素养水平呈现稳步提升态势。监测结果表明，我国城乡居民健康素养水平从 2012 年的 8.80% 提升至 2021 年的 25.40%，但仍有较大提升空间，同时存在城乡、地区及人群间的不平衡。过去，人们往往将健康与医疗挂钩，只在生病时才去医院就诊。然而，现在人们开始关注预防和健康管理，重视日常的健康保健和体检。人们开始积极锻炼身体，保持良好的运动习惯，以增强身体的抵抗力和健康水平。同时，人们也开始注重心理健康，学会减压和放松，保持平衡的心态。在城市地区购买体检套餐定期体检已常态化，并且消费群体由中老年人群向年轻人群延伸。很多看不懂体检报告的人还学会了在互联网医院平台上寻找专业医生的指导建议。同时，人们开始更加重视通过健康饮食来改善身体健康水平。以前，人们普遍追求口感和美味，忽视了食物的营养价值。然而，随着健康饮食观念的普及，人们开始注重均衡饮食，选择新鲜、有机的食材，尽量避免加工食品和高糖、高脂肪的食物。此外，人们也开始关注食品安全问题，注重选择有资质的生产商和供应商，确保食品的安全和质量。

（3）人们对健康产品和服务的需求日益增加。过去，人们对健康产品的需求主要集中在基本的药品和保健品上。然而，随着健康消费观念的转变，人们对健康产品和服务的需求更加广泛和多样化。康养人群康养需求可以通过从物质、心灵到精神等各个层面的健康养护来实现。主要包括基于养身、养心、养神三种类型的康养需求的满足。其中，基于养身的康养需求是通过消费如保健、养生、运动、休闲、旅游等产品或服务，对康养消费者的身体进行养护或锻炼，满足康养消费者身体健康的需要。基于养心的康养需求所涉及的产品或产业主要有心理咨询、文化影视、休闲度假等对人心理层面产生影响的产品或服务。基于养神的康养需求涉及的主要有安神养神产品、宗教旅游、艺术鉴赏与收藏服务以及禅修服务等。国家统计局统计数据显示，从 2013 年到 2022 年，全国居民人均可支配收入由人民币 18310.8 元增长到人民币 36883 元，年均增长率为 6.14%。全国居民人均消费支出由人民币 13220.4 元增长到人民币 24538 元，年均增长率为 6.67%，略高于可支配收入的增长速度。以上数据显示，人们对健康产品和服务的购买能力已经显著提高。同时，根据艾媒咨询（iiMedia Research）《2022—2023 年全球与中国大健康产业运行大数据及决策分析报告》，2014—2022 年医疗保健消费支出和中国居民人均消费支出呈现同步增长的态势，2020 年受疫情影响，人均居民消费支出和医疗保健消费支出都有所下降，2021 年开始稳步回升（见图 2-4 和图 2-5）。目前，人们开始关注健康保健品、有机食品、健身器材、健康咨询等方面的产品和服务，以满足自己对健康的追求。随着居民消费水平的提升，未来居民对健康产品和服务的需求将会持续增长。

图 2-4 2014—2022 年中国居民人均消费支出变化

资料来源：国家统计局、艾媒数据中心。

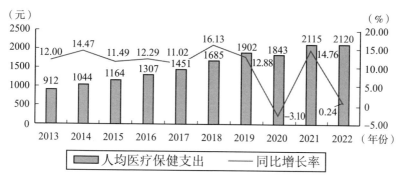

图 2 – 5　2013—2022 年中国居民人均医疗保健消费支出变化

资料来源：国家统计局、艾媒数据中心。

　　总而言之，人民群众的健康消费观念正在发生转变，从被动的健康关注转变为主动的健康管理。人们越来越重视饮食健康、身体健康和心理健康，对健康产品和服务的需求也逐渐增加。这种转变不仅是对个人健康的关注，也是对全民健康意识的提升。希望这种健康消费观念的转变能够推动整个社会更加重视健康问题，共同创造一个健康、幸福的社会。

4. 康养金融工具需求日益迫切

　　康养产业不仅包括传统的医疗保健、养老服务等，还涵盖了旅游、休闲娱乐、健康食品等多个领域，而康养金融工具的创新与应用，则为康养产业的发展提供了新的动力和机遇。

　　（1）商业健康险种类销量持续增长。之前，很多居民对于健康险是抵触的，随着健康知识和健康意识的提高，广大居民对于家庭保障类产品的关注与配置意愿增强，尤其是重疾、意外、医疗保险等险种。近年来，随着居民消费结构不断升级，人们越来越注重健康以及健康的生活方式，也愿意在健康消费上加大投入。2021 年 10 月，银保监会下发了《关于进一步丰富人身保险产品供给的指导意见》，要求努力加大老年人、儿童、新市民等群体保障力度，进一步满足人民群众养老、健康保障需求，人身险产品供给质量稳步提升。2023 年 4 月银保监会下发的《关于

2022 年度进一步丰富人身保险产品供给情况的通报》显示，国内各人身险公司进一步丰富健康保险产品供给，满足人民群众多元化、多层次的健康保障需求，2022 年商业健康险赔付支出占全国卫生总费用支出比例已达 5.3%。商业健康险产品供给主要表现为以下特征：一是将更多医保目录外合理医疗费用纳入医疗保险保障范围。如复星联合健康的部分医疗保险产品，覆盖医保目录外的住院医疗费用以及特定药品费用。二是加大对老年人和带病体人群产品供给。如人保健康在行业内率先推出费率可调长期医疗保险，积极积累经营数据和经验，满足老年人和带病体人群的长期保障需求，银保监会公开信息显示，截至 2023 年 3 月，行业已有 17 家公司 63 款长期费率可调医疗保险产品上市，如太保健康开发的部分健康保险产品，保障已患乳腺癌人群复发转移。三是加快商业长期护理保险发展。如太保寿险的部分团体长期护理保险产品，累计承保超千万人；中信保诚的某长期护理保险，重点保障重度失能老人护理需求，设计专属健康告知，便于客户理解。四是支持健康保险产品和健康管理服务融合发展。如友邦人寿的"直通车"服务，包括异地医保信息咨询、门诊就医预约协助、就医接送、住院就医协助等，为客户提供全面无忧的就医体验。

（2）康养金融工具的创新为康养产业的融资提供了更多选择。传统的融资方式主要依赖于银行贷款、股权融资等，但这些方式在康养产业中存在一定的局限性。而康养金融工具的创新，如康养保险、康养基金等，为康养企业提供了更灵活、多样化的融资渠道。国内保险企业已逐步布局医疗服务、药品及其他健康产品销售、健康产业支付模式、养老康复和健康管理等康养服务业务。根据有关研究，未来还将通过大数据精准挖掘需求，重视保险服务协同效应，探索联合健康模式和医养系统整合模式。

（3）康养金融工具的创新促进了康养产业的规范化和标准化发展。康养产业的发展过程中，面临着产品质量参差不齐、服务标准不一等问题。而康养金融工具的创新，如康养指数、康养评级等，为康养产业提供了一套科学、客观的评估体系。通过对康养企业的财务状况、经营管理、服务质量等方面进行评估，可以帮助投资者更好地选择优质的康养项目，同时也促进了康养企业的规范化运作。

（4）康养金融工具的创新有助于提升康养产业的竞争力和创新发展能力。康养产业的发展离不开资金的支持和市场的认可。而康养金融工具的创新，如康养信用卡、康养消费贷款等，可以为康养消费者提供更便捷、灵活的支付方式，提高他们的消费体验。同时，康养金融工具的创新也可以为康养企业提供更多的融资渠道，帮助它们改善经营状况、扩大规模，从而提升竞争力和可持续发展能力。

综上所述，康养金融工具的创新与应用对于康养产业的发展具有重要意义。它为康养企业提供了更多融资选择，促进了康养产业的规范化和标准化发展，提升了康养产业的竞争力和可持续发展能力。随着康养金融工具创新的不断推进，康养产业将迎来更加繁荣的发展前景。

2.1.2　康养产业供给现状

1. 康养产业的供给面临着巨大的发展机遇

在发达国家，健康产业增加值占 GDP 比重超过 15%，而在我国，仅占国民生产总值的 4%～5%，低于许多发展中国家，发展空间巨大。《中国康养产业发展报告（2018）》显示，2018 年全国共 240 余万家康养相关企业，全国康养市场总规模为 6.85 万亿元。根据智研咨询统计，2020 年我国康养产业规模达到 8.66 亿元，同比 2019 年的 7.86 亿元增长了 10.16%。2021 年因行业恢复增长，市场规模接近 9.5 万亿元，2022 年市场规模为 10.7 万亿元。预计 2023 年底市场规模将达到 12 万亿元左右。国家统计局数据显示，2021 年全国养老服务机构和设施总数达到 34 万个，床位 817.2 万张，其中养老机构 3.9 万个，床位 499.7 万张；社区养老服务机构和设施达到 30.1 万个，比 2020 年增加了 1 万个，床位数达到 317.5 万张。未来,随着人们对"大健康""大养生"的认知被激活,康养服务市场潜力被激发,预计到 2030 年,中国康养市场规模为 20 万亿元左右。这为康养企业提供了广阔的发展空间,也必将吸引越来越多的投资者进入该行业。

2. 康养产业的供给结构逐渐优化

随着《"健康中国 2030"规划纲要》颁布,国家发展和改革委员会、住房和城乡建设部、自然资源部、农业农村部、文化和旅游部、国家卫健委等部门分别或跨领域出台了系列康养产业发展扶持政策。受益于这些政策,康养产业体现出主体多元、产品多元、形式多元的发展特征。顾客群体也不再限于老年人群体,年轻人的康养需求也不可忽视,"健康 +"理念成为各类康养企业创新发展的新热点。康养服务供给表现出了跨产业深度融合,服务个性化与年轻化、多主体联合提供综合服务等特色,健康需求的改变催生了产业供给结构的改变。

3. 康养产业的供给水平在不断提高

《2022 年中国文化文物与旅游统计年鉴》数据显示,2014—2021 年,中国文化和旅游单位数量呈先升后降趋势。前瞻产业研究院数据显示,2021 年,纳入文化和旅游发展统计范围的中国文化和旅游单位数为 32.46 万个,相比 2020 年下降了 4.98%。2022 年末,纳入统计范围的全国各类文化和旅游单位 31.40 万个,其中各级文化和旅游部门所属单位 6.81 万个,增加 0.28 万个;从业人员 72.49 万人,增加 1.45 万人。而由于经济的恢复和未来增长的乐观估计,预计未来整体产业将按 20% 以上的增长速度持续高速增长。总体而言,中国康养产业的供给现状呈现出快速发展、结构优化和供给水平不断提高的趋势,康养产业正在逐渐成为一个高速发展的朝阳产业。

2.2 康养产业发展的主要特征

2.2.1 产业进入转型发展阶段

2016 年，康养产业被列入国家"十三五"规划，随着大量政策相继出台、人们对健康问题愈加重视、养老问题日益突出，康养产业被越来越多地关注，逐渐成为我国 21 世纪的新兴产业。一系列政策为康养产业的加速发展指明了方向，也代表着中国康养产业渐成气候，并且呈现了强劲的发展势头。2022 年之后，我国康养产业进入了第二个发展阶段，康养产业发展逐渐从规模驱动转向了效率驱动，即如何高效配置资源、资金、资产，如何让产业回归到效益来推动产业发展水平。以京东健康、通用技术、远洋养老、光大养老、南京新百、复星康养、福寿康、绿康医养、聚陆医疗等为代表的康养头部企业，现阶段纷纷收敛聚焦、巩固基本盘，已经从最初的"野蛮生长"，开始更多地转向了内部结构优化和效率提升，并且开始有意识地布局更加可控、节奏更加平缓，由外延扩张转向内涵跃升，更注重规模与效益的平衡。

🔗 **专栏 2 −1**

远洋养老深耕康养产业赛道

远洋养老成立于 2012 年，是远洋集团旗下负责养老投资与运营的专业公司，同年创立了"椿萱茂"高品质养老服务品牌，并在北京亦庄落地首个中美合资老年公寓——椿萱茂（北京亦庄）老年公寓。时至今日，椿萱茂已在全国 8 城落地生根，有近 30 个连锁机构，11000 多张床位，8 个 CLRC 长者社区，19 个 CB 老年公寓，2 个 CBN 护理院，拥有专业养老服务人员 1800 多名，累计服务长辈 10000 多名。椿萱茂可以提供三种不同的养老服务类型：长者社区、老年公寓、护理院，以全周期的产品线满足国人的养老需求。

2022 年以来，位于康养产业第一梯队的远洋养老，进一步聚焦养老服务市场，持续深耕产业核心赛道，正从内生走向外化，把已有的经验、能力沉淀下来，开始对外赋能、输出。其核心要义是"聚焦奔跑"，聚焦匠心服务、聚焦精细管理、聚焦价值创造，奔着独立发展跑，奔着全面盈利跑，奔着持续领先跑，成为当前中国康养企业转型升级典型代表。

资料来源：根据远洋集团控股有限公司官网公开资料整理。

康养产业尤其是养老服务业的竞争趋同，产业发展初期混乱竞争时，谁先占有规模优势谁便受资本青睐，随着头部企业竞争逐渐回归有序，未来谁先实现业务的整体盈利回正，谁将具备市场话语权，谁具备业务多元发展可能性谁将抢得先机。养老服务企业的竞争，除了服务内容和品质的竞争，还将包括资产运营能力、资源获取能力、资本撬动能力、综合管理能力等的综合竞争，业务能力的复合性将决定未来业务延展的可能性。

2.2.2　产业关联度极高

《"健康中国 2030"规划纲要》明确提出，积极促进健康与养老、旅游、互联网、健身休闲、食品融合，催生健康新产业、新业态、新模式。康养产业不仅紧密联系消费者的衣、食、住、行等，同时还涉及旅游、体育、文化、医疗、金融等众多行业，跨产业间融合发展将是康养产业发展的主要趋势。首先，根据康养产品和服务在生产过程中所投入生产要素的不同，我们可以按照产业关联不同将康养产业分为康养农业、康养制造业和康养服务业三大类。康养农业是指所提供的产品和服务主要以健康农产品、农业风光为基础和元素，或者是具有康养属性、为康养产业提供生产原材料的林、牧、渔业等融合业态，比如果蔬种植、农业观光、乡村休闲等。康养农业以农业生产为主，满足消费者有关生态康养产品和体验的需要。康养制造业泛指为康养产品和服务提供生产加工服务的产业。根据加工制造产品属性的不同又可以分为康养药业与食品，如各类药物、保健品等；康养装备制造业，如医疗器械、辅助设备、养老设备等；康养智能制造业，如可穿戴医疗设备、移动检测设备等。康养服务业主要由健康服务、养老服务和养生服务组成。健康服务包括医疗卫生服务、康复理疗、护理服务等；养老服务包括看护服务、社区养老服务、养老金融服务等；养生服务包括美体美容、养生旅游、健康咨询等。这三类康养产业内部关联性极高。其次，从消费群体的年龄构成来看，康养产业包括妇孕婴幼康养、青少年康养和中老年康养。其中，妇孕婴幼康养需求现已不再局限于医疗保健，更多母婴健康产品服务持续涌现，如产前检测、产后恢复、胎儿早教、小儿推拿、妇幼膳食、益智玩具等其他围绕妇孕婴幼群体的康养产品。青少年康养包括为满足青少年群体康养需要的产业集合，涵盖了健身赛事、康复医疗、中医药疗养、亚健康防治、美体美容、心理诊疗等相关产品与服务。中老年康养需求包含医疗旅游、慢病管理、健康检测、营养膳食、老年文化等相关及周边产业。康养产业消费群体各年龄段的健康消费已经呈现了跨越产业行业界限，多种业态交叉融合的态势，产业关联度日趋提高。

2.2.3　产业结构复杂

从我国健康服务行业产业链结构来看，上游为健康制造业，主要包括医药研发外包、药品制造、医疗器械及耗材制造等行业，具体包括原料药制造、化学药制造、大宗原料药等。中游为健康服务业，主要分为医药商业、医疗服务行业、健康管理服务等。下游则是各类医疗健康机构及消费者，主要分为医疗卫生机构、第三方医疗机构、健康管理服务机构及医疗美容机构等，呈现跨一二三产业融合发展特征。另外，剑荣资产报告显示，截至 2020 年 12 月，全国至少有 80 家房地产企业进入康养产业领域，康养地产的产业增速令人瞩目。中国人寿、泰康人寿、中国平安等保险企业也纷纷涉足康养产业，康养保险的各类产品快速丰富了康养金融市场。此外，医疗美容、在线医疗、智慧医疗、康复医疗、养身旅游、医养小镇、康养工业园等产业模式纷纷创新，也令康养产业的结构不断复杂。

2.2.4 康养资源分布不均衡

从宏观上看，我国幅员辽阔，地大物博，地理环境丰富，气候条件复杂，气候类型多样，拥有丰富的康养资源。但从微观上看，我国人口众多，人均占有资源少，且资源的分布存在地域性差异。一是康养自然资源分布具有明显的区域差异，康养自然资源主要集中于西南地区、华南地区、华东地区、华北地区、华中地区，东北地区有少量分布，而西北地区康养自然资源相对匮乏。从整体上看，南方康养资源强县市在数量和集聚程度上远远高于北方。二是康养医疗资源主要集中在经济较为发达的东部地区、一二线省会城市和部分区域中心城市，而广大农村地区较为匮乏，资源分布极为不均衡。

2.2.5 产业融合趋势显著

由于康养产业的本质就是多产业融合发展，因此，康养产业业态丰富，产业链长，规模化效应明显。如旅居业态在康养产业中主要为旅居地产模式，追求将健康养生作为生活方式，与运动、疗愈类业态结合，能有效补充旅居业态的其他康养功能，适度聚集发展之后，有利于开发成为运动康养小镇或疗养小镇；运动康养业态，主要通过各类运动项目的体验来达到健身、塑形或娱乐等康养目的，更适合与气候资源、森林

资源以及农业资源相结合，在环境舒适、森林地形多样或农业活动丰富
的地区开发运动项目，能提供更健康舒适、丰富有趣的康养运动服务。
运动业态在锻炼身体机能提高免疫力的同时，可能会带来运动损伤风险，
损伤风险的存在使得运动与疗愈业态紧密结合，为运动康养人群提供更
全面的健康或康复保障。研学康养业态，消费者不仅追求身心的健康，
更崇尚思想精神的进步和升华；为满足此类需求，研学业态与温泉、中
医药以及特色产业等具有深厚历史底蕴或特色地域文化的资源更加契合。
多元业态的配套和补充，使得康养项目的功能更为齐全、业务类型更加
丰富，提供更专业的康养服务，有利于康养项目的规模化发展。随着康
养项目的投资运营模式不断探索成形，康养业态与资源的融合程度和发
展效率快速提升，竞争力逐渐增强。

2.3　康养产业区域化发展竞争力分析

　　"十四五"期间，许多地方正以激发市场需求为突破口，立足把康养
产业培育成为经济发展新的增长点和重要支柱产业。当前，中国康养产
业的发展呈现出了明显的区域结构特点，各区域紧密结合自身地理区位
和交通条件、自然资源、医疗保障、人才积累等因素，构建起了具有显
著区域特色的康养产业发展竞争能力。

　　首先，东部地区是康养产业的热门区域。这些地区经济发达，人口
密集，具备较好的基础设施和交通条件，能够更好地吸引国内外康养客
群。例如，北京、上海、广州、深圳等一线城市以及杭州、苏州、厦门
等具有历史文化特色的城市，都成为康养产业的重要中心。这些地区拥
有丰富的自然资源、医疗资源和文化资源，可以提供多样化的康养服务，
吸引了大量的康养客群前来体验。

　　其次，西部地区逐渐崭露头角。这些地区具有独特的自然风光和人
文景观，非常适合开展康养旅游。例如，云南的丽江、大理，四川的九

寨沟、攀枝花等地，以其独特的地理环境、气候环境和文化传统，吸引了大量的康养客群前来体验。此外，西部地区的康养产业发展还受到政府的大力支持，通过政策扶持和投资引导，为康养产业的发展提供了有力的支持。

最后，一些特色小城镇也开始兴起康养产业。这些小城镇通常地处自然环境优美的地区，拥有独特的传统文化和民俗风情，适宜于开展康养旅游。例如，江苏的周庄、浙江的乌镇、四川的都江堰等地，通过挖掘本地的文化资源和自然资源，打造了独特的康养旅游产品，吸引了大量的康养客群前来体验。

总而言之，中国康养产业的区域发展具有各自的特点和优势，但也面临着一些共同的问题，如人才培养、品牌建设、市场营销等。只有通过加强合作、共享资源，不断提高服务质量和创新能力，才能实现康养产业的可持续发展。

2.3.1 西南地区康养产业竞争力分析

1. 四川：康养产业形态多样

四川是中国西南地区的一个省份，也是中国著名的旅游目的地之一。2016 年，四川将康养产业纳入"十三五"规划，持续推进康养产业强省建设，康养产业得到较快发展，主要体现出以下特点。

（1）康养自然资源丰富。四川拥有丰富多样有利于康养产业发展的自然地理资源和环境，例如，世界自然遗产、国家级自然保护区、自然景观等。仅从地理环境和基础资源看，就有森林、阳光、湿地、田园、避暑、新鲜空气、中医药、膳食、文化、旅游、体育、温泉、高原、山地、丘陵、平原等，除了不沿海，其他各种地理环境几乎都有，这些资源为康养产业的发展提供了得天独厚的条件。例如，四川的川西高原地区拥有独特的高山草甸、原始森林和温泉、川西南的阳光、森林等自然资源，成为人们追求健康和放松的理想之地。

（2）产业形态多样化。四川"康养＋"成为发展的主要路径。康养产业在借助其他产业基础不断发展、拓展领域的同时，又创新了相关产业的业态，为其创造了新的发展机遇，取得了共赢的效果。如与服务业融合，形成以养老、养生和健康服务为主要内容的康养服务业；与农业融合，形成以提供健康农产品、农业农村休闲观光服务等为主要内容的康养农业；与制造业融合，提供了各种满足康养需要的工业品生活消费品；与体育结合，形成体育康养休闲产业。在产业融合发展中，康养与旅游融合最为紧密。四川积极推进"旅游＋养老""康复＋旅游"，医疗卫生、养老服务与旅游融合发展，努力打造中国西部国际康养旅游目的地。

（3）构建三个康养产业集聚区。四川提出加快建设全国森林康养目的地和生态康养产业强省，2022 年生态康养年产值实现 1000 亿元的目标。已经形成三个重点区域，即以安宁河谷为主体的攀西阳光康养产业集聚区；以大巴山脉为主体的秦巴生态森林康养产业集聚区；以藏羌地区为主体的川西民族特色康养产业集聚区。四川康养产业不仅仅局限于传统的温泉疗养，还涵盖了众多的康养项目。例如，四川的高原地区适宜进行氧疗、阳光浴等项目，而四川的山区则适宜进行森林浴、徒步旅行等项目。多元化的康养项目满足了不同人群的需求，四川康养产业还注重融入本土文化元素，让游客在享受康养的同时，也能感受到四川独特的文化魅力，吸引了更多的游客和投资者。

（4）森林康养产业发展走在全国的前列。四川拥有丰富的发展森林康养产业资源，森林面积达到 1840 万公顷，森林覆盖率为 38.03%，高出全国平均 14 个百分点，森林类型多样，拥有 123 个森林公园，其中国家级森林公园 38 个。2016 年 5 月，出台了全国首个省级《森林康养发展意见》，提出到 2020 年，把四川基本建成国内外闻名的森林康养目的地和全国森林康养产业大省。在探索森林旅游和森林康养发展模式上，四川省有着近 20 年的森林产业转型之路，积累了一定的经验，投入森林康养的资金总额已突破 1200 亿元，3 万余农户加入森林康养产业，走在全国森林康养发展的前列。

（5）拥有独特的阳光康养气候资源。四川攀西地区日照时间一年超过 11 个月，平均年日照多达 2700 小时，年平均气温 20.3℃，即使冬天也温暖如春；森林覆盖率极高，达到了 60%，接近全国平均水平的 3 倍。因其得天独厚的自然条件，攀枝花定位为建设全国阳光康养旅游目的地，着力打造阳光康养旅游城，创建"（中国）阳光康养产业试验区"。越来越多的老年人一到冬天就前来避寒，2017 年外地来过冬的"候鸟老人"达 15 万人次。毗邻攀枝花的凉山州也依托独特的生态环境着力打造"国际阳光康养休闲度假旅游目的地"。甘孜、阿坝地区拥有清洁的水、草原、森林和阳光，这些都是发展康养产业的最佳资源。像康定、泸定、汶川、茂县、九寨沟这些地方，海拔也不高，还有独特的藏羌风情，很适合康养与文化旅游融合发展。

（6）依托医卫资源优势打造医养结合"一核两带"。四川提出重点打造"一核两带"医养结合区域的发展思路。以成都为核心，包括德阳、绵阳、眉山、雅安和资阳等成都平原地区，发挥医养结合高端优质资源集聚的优势，形成带动、辐射全省医养结合创新发展核心区。以成南广高速公路为界，以南、北两大医学中心为支撑，推动形成四川盆地南、北两大医养结合发展带。北带以川北医学院为中心，包括南充、遂宁、广元、达州、广安、巴中等地；南带以西南医科大学为中心，包括泸州、乐山、内江、自贡、宜宾等地。其他区域康养产业的发展也必须依托医疗资源。例如，阳光康养产业在攀枝花得以快速发展，除了得天独厚的自然资源，拥有三甲医院 5 家、三乙医院 1 家，比较完善的医疗服务体系也为其发展提供了重要的保障。攀枝花是全国首批医养结合试点城市。

（7）依托中医药优势，大力发展中医药康养产业。四川素有"中医之乡、中药之库"的美誉，拥有药材资源 5000 余种，大宗药材品种数量居全国之首。拥有中医医疗机构 5243 所，有成都中医药大学、四川大学、西南医科大学、四川省中医药科学院等著名医疗教学服务机构，中医医疗服务体系比较完善。已初步建成成都高新区及彭州、资阳、眉山、泸州等地各具特色的医药产业园，形成较为坚实的医药制造产业基础。四川分别于 2015 年、2016 年成立了推进中医药强省建设工作领导小组和中医药产业发展推进小组，专门制定《中医药大健康产业"十三五"发展规划》《中医药健康服务发展规划（2016—2020 年)》《关于加快医药产业创新发展的实施意见》等，大力发展中医药健康养老服务。围绕中医药健康服务业到 2020 年实现收入 1000 亿元，年均增长 14% 的发展目标，从政策、监管、资金、要素等方面实施了一系列扶持产业发展的重大举措。积极促进中医药与养老服务、旅游等融合发展，支持有条件的中医医疗机构开展中医医养服务，积极发展中医药特色养老机构，发展中医传统运动健身休闲产业。鼓励社会资本建设具有中医特色的康复医院、康养机构，建设以中医药康养服务为特色的产业服务发展示范区、中医药健康旅游示范区（基地），开展彭祖长寿、禅道养生等中医药健康旅游精品线路建设。坚持养老与养生相结合，将中医药"治未病"理念、中医药养生保健、中医药康复医疗融入健康养老全过程。在四川，中医药医疗、保健、科研、教育、产业、文化"六位一体"全面发展的格局正在形成。

（8）加强康养基地建设，探索制定地方标准。发展康养产业需要一定的载体平台，四川十分重视相关基地建设，到 2022 年实现全省达到生态康养基地 250 个、森林自然教育基地 100 个的发展目标。依托森林公园、湿地公园、地质公园、国家公园、自然保护区、风景名胜区、林场、林区等，建立类型丰富多样的生态康养场所。在康养产业基地、园区以及小镇建设中，四川强调科学规划，循序推进，重视融特色突出、体系完整、协作紧密、功能多元、集现代农林医养休闲等要素于一体。为了加强康养基地标准化建设，规范服务和运营管理，已经出台了《森林康养基地建设·基础设施》（DB51/T 2261—2016）、《四川省森林康养基地建设·资源条件》（DBS1/T 2262—2016）和《森林康养基地建设·康养林评价》（DB51/T 2411—2017）三个地方标准。发布了全国首个"森林康养指数",包括森林康养基地的温度、湿度、高度、人气度、舒适度、通畅度6项康养指数;制定了《森林康养基地评定办法(试行)》,规定了基地的评定标准以及申报、推荐、评定程序和相应的监测措施。经评定公布的森林康养基地,优先享受国家和省贷款贴息、造林补贴、良种补贴、森林保险、农业综合开发等有关扶持政策。一些康养产业发展比较快的市也积极尝试制定相关规范标准,如攀枝花市发布了《康养产业基础术语》《候鸟型养老服务规范》《运动康复行为指南》等13项康养产业地方标准。

(9)政府积极引导,扶持康养产业发展。四川省政府高度重视康养产业的发展,积极出台相关政策和措施,推动康养产业的发展。政府的支持为康养产业的投资和创新提供了保障,吸引了更多的企业和资本参与康养产业的建设。2015年以来,四川省相继发布了《养老与健康服务业发展规划(2015—2020年)》《关于加快推进医疗卫生与养老服务相结合实施意见》《大力发展生态康养产业实施方案(2018—2022)》等20余个与康养产业直接相关的文件。各市州以及县区市也结合当地实际制定了相应的文件,如眉山市发布了《关于大力发展森林康养产业的意见》,洪雅县制定了《森林康养产业发展规划(2018—2025年)》,广元市苍溪县制定了《林业和园林局森林康养工作实施方案》,利州区编制了《天曌山森林康养规划》等。政府通过规范引导、政策扶持和创造环境促进康养产业发展。相关政策措施大致可归纳为以下几个方面。

一是用地优惠政策。加大生态康养用地支持,将医养结合用地纳入土地利用总体规划和城乡规划。各地在衔接好当地土地利用总体规划基础上,按照有关法规,扩大用地供给,有效落实生态康养重点项目新增建设用地。在符合林地保护利用规划以及国家和省关于公益林管理的相关规定的前提下,对投资建设公益林成片面积达到500亩以上的,可利用不超过3%、最多不超过50亩的土地,开展森林康养,依法支持用于生态康养涉及的必要道路、康养步道、停车场、康养健康指导中心、接待中心等配套设施建设。对林业设施用地实行与农业设施一样的政策。优先保障各类养老服务设施建设用地需求，合理控制地价，降低建设成本。在符合规划的前提下，允许利用和改造现有空闲的厂房、学校、社区用房等兴办非营利性养老服务机构。农村集体建设用地可以依法用于兴办养老服务机构。

二是融资信贷支持。综合运用多种金融政策工具，引导金融资源向医养结合领域倾斜，开发助推养老、康复、医疗、护理等服务有机结合的老年护理保险产品。鼓励和引导金融机构增加健康产业投入，发展健康消费信贷，积极探索以养老机构有偿取得的土地使用权、产权明晰的房产等固定资产为抵押，提供信贷支持，满足养老服务机构多样化融资需求。鼓励社会资本采取建立基金、发行企业债券等方式筹集资金，用于建设养老设施、购置设备和收购改造社会闲置资源等，单独设立或与金融机构合作设立融资担保公司，为养老企业和社会组织提供各种形式的贷款担保服务。鼓励和支持有条件的养老企业进入资本市场，通过股票上市、项目融资、产权置换等方式筹措资金，扩大直接融资规模。

三是税收优惠和财政支持。各级财政不断加大对康养产业发展的投入力度，调整存量、优化结构，整合和统筹使用相关财政资金，积极支持生态康养示范基地、示范区、示范小镇、生态康养品牌创建等重点项目建设以及生态康养服务。加大养老服务业财政性资金投入，中小企业发展专项资金对符合条件的养老服务企业给予支持。对养老服务业给予税费优惠，适当提高支持社会力量兴办养老服务机构补助标准。创新融资机制，发挥财政资金撬动作用，引导社会资本加大对生态康养产业的投入力度。积极运用政府和社会资本合作（PPP）模式发展生态康养产业。积极推进政府购买基本健康养老服务，逐步扩大购买服务范围，完善购买服务内容，各类经营主体平等参与。此外，还有人才培养和就业、鼓励公益慈善组织参与养老服务等支持政策。这些政策措施的实施，使制约养老服务业发展的融资难、用地难、运营难等瓶颈问题逐步得到解决。

（10）重视康养理念培育，推进社会参与。四川在康养产业方面办有

"四会""三节"，即"中国·四川森林康养夏季年会""中国·四川森林康养冬季年会""中国·四川森林自然教育大会""四川生态旅游博览会"和"中国·四川大熊猫国际生态旅游节""四川红叶生态旅游节""四川养生旅游节"。此外，还创设了"国际生态康养天府论坛""中国康养产业论坛"和"中国西部康养产业发展"论坛。举办生态康养产品创意、生态康养形象大使、最佳生态康养师、最佳生态康养基地及最美森林康养人家等赛事。确定每年 5 月为"森林康养月"，5 月 5 日为"生态康养日"，重视互联网与康养产业发展的融合创新。通过这些活动，宣传普及康养理念与健康生活方式，增强公众康养意识。

2. 云南：打造"健康生活目的地"

云南位于中国西南地区，简称"滇"，拥有得天独厚的自然环境和丰富的文化资源。近年来，随着人们对健康和生活品质的追求，云南康养产业逐渐兴起并取得了长足的发展。云南省"十四五"规划明确提出要持续打造"健康生活目的地"品牌，创建国际康养旅游示范区。聚焦"文、游、医、养、体、学、智"全产业链，打造以大滇西旅游环线为代表的旅游新品牌，开发生态旅居、休闲度假、户外运动、研学科考、养生养老等新业态新产品。中国健康养老产业联盟发布的"2022 年中国康养城市排行榜100 强"中，云南昆明、丽江、普洱、大理、保山、红河、玉溪七地上榜，昆明更是斩获前十。

云南康养产业主要体现出以下特点。

（1）旅游资源极其丰富。云南拥有得天独厚的自然风光和丰富的文化遗产，这为康养产业的发展提供了得天独厚的优势。从丽江古城的历史文化氛围到大理洱海的宜人环境，再到西双版纳的热带雨林，各种独特的旅游资源为康养产业的发展提供了丰富的选择。云南省统计局数据显示，云南康养产业在近五年内呈现稳步增长的态势。截至目前，该产业已经成为云南省第二大支柱产业，对当地经济的贡献不可忽视。

（2）康养产品多元化。云南康养产业以多元化产品为特点，既包括传统的中医养生保健，也包括现代化的健康管理和康复护理。从传统的中医养生理疗到现代的温泉疗养，云南康养产业提供了多种选择，满足了不同人群的需求。

（3）融合旅游资源。云南康养产业与旅游资源的融合是其独特之处。康养旅游不仅是为了治疗身体的不适，更是为了让人们享受旅行的乐趣和放松身心。云南的美景和丰富的旅游资源为康养产业提供了独特的发展平台。

（4）注重可持续发展。云南康养产业注重可持续发展，倡导绿色、健康的理念。在产品设计和经营管理方面，注重环境保护和资源的合理利用。同时，云南还积极推广健康生活方式，提倡健康饮食、适度运动等，培养人们的健康意识。

3. 贵州：打造全国养老基地和国际一流康养目的地

贵州作为中国西南地区的一个省份，拥有得天独厚的自然资源和独特的地理优势，成为了一个重要的康养旅游目的地。近年来，贵州康养产业取得了显著的发展，吸引了越来越多的游客和投资者。

（1）积极探索康养产业发展新模式。贵州省围绕打造全国养老基地和国际一流康养目的地目标，积极探索旅居养老、健康养老、智慧养老等养老产业发展新模式，推动贵州生物医药、大健康产业跨越发展，实现养老设施城乡全覆盖，建设起全国第一所以"康养"命名的贵阳康养职业大学，大力推广"生态贵州""多彩贵州""避暑养老胜地"等品牌，重点推进以贵阳为核心的黔中综合健康养生圈、都匀市绿色康养之城、贵州侗乡大健康产业示范区建设，支持遵义市创建全国体育旅游示范区、省级中医药康养服务综合示范区建设的康养产业布局，示范引领全省康养产业发展。

（2）重视康养示范基地打造。贵州统筹推进新型城镇化与康养产业载体同步建设。建成一批集休闲、避暑、生态体验等于一体的旅居养老产业示范基地和集聚区；一批温泉疗养、民族医药治疗保健、中医食疗、健康管理等特色健康养老产业示范园区；一批智能化老年用品和康复辅助器具制造产业示范基地。力争到 2035 年实现全省健康养老产业园区"一县一园"，进一步做大全省康养产业。

（3）精准定位优势康养品牌。以资源禀赋为依据，突出特色化和差异化，打造在国内、国际具有一定影响力的康养品牌。以黔中城市群为依托，黄果树瀑布景区为核心，打造黔中国际康养中心，发展养生养老产业；以遵义市为中心，打造红色文化旅游、森林康养和体育旅游品牌；以黔西南州为中心向外辐射，打造山地户外运动基地和水上运动基地。各地结合自身资源，做强康养产业。铜仁市主要打造温泉康养品牌；六盘水市打造避暑旅游、气候康养品牌；黔南州、黔东南州打造民族文化旅游、民族医药康养和绿色康养品牌。

总的来说，贵州康养产业发展势头良好，具有丰富多样的特点。随着贵州康养产业的不断壮大，贵州将成为中国乃至全球康养旅游的重要目的地之一。同时，贵州康养产业的发展也将为贵州经济的转型升级和乡村振兴作出积极贡献。

2.3.2　东部地区康养产业竞争力分析

1. 山东：构筑"三核三带多点"医养健康产业发展格局

山东作为中国的经济大省，其康养产业发展迅速，展现出良好的发展前景。

（1）康养资源丰富。山东的医疗资源和旅游资源都非常丰富，为康养产业的发展提供了有力的支撑。山东医疗资源基础雄厚，《2020 年山东省国民经济和社会发展统计公报》数据显示，2020 年末山东省医疗卫生机构 8.5 万所。其中，医院 2640 所，基层医疗卫生机构 8.1 万所，社区卫生服务中心及乡镇卫生院中医药综合服务区设置率分别为 91.7% 和 94.2%。拥有 84 所三甲医院，主要分布在济南市、青岛市等城市。每千常住人口执业（助理）医师数为 2.41 人，医护比达 1∶0.59，医疗设施设备人才资源相对充足。在专科技术方面，山东拥有一批优质的专科医院，各具特色和技术设备专长。同时，山东的中医药资源丰富，中医文化沉积厚重，为传统中医专业的健康发展提供了有力支撑。山东地处暖温带季风性气候区，四季分明，气候宜人，每个季节都有对应的旅游景点。此外，山东的历史文化深厚，拥有众多的历史遗址和文化遗产，如泰山、孔庙等，为康养旅游增添了文化气息。山东的空气质量优良天数比例达到 70%，为康养旅游提供了良好的环境保障。

（2）政策支持力度大。山东省政府对康养产业的发展给予了大力支持，出台了一系列优惠政策，如土地政策、财政补贴等，为康养产业的发展提供了良好的政策环境。2018 年，颁布了《山东省医养健康产业发展规划（2018—2022 年)》，确定了山东的医养健康产业区域发展格局，强化核心引领、带状集聚、多点支撑，整体构筑"三核三带多点"的"三维区域布局"。一是"三核引领"。充分发挥济南、青岛、烟台产业基础优势，率先实现突破发展，打造全省医养健康产业发展高地。二是"三带集聚"。包括蓝色海洋健康产业带，由青岛、东营、烟台、潍坊、威海、日照、滨州七市组成；运河养生健康产业带，由济南、枣庄、济宁、德州、聊城、菏泽六市组成；鲁中南山区健康产业带，由泰安、淄博、莱芜、临沂四市组成。致力于积极应对人口老龄化，大力发展银发经济，积极推进医养结合示范省、"互联网＋医疗健康"示范省建设，加快国家健康医疗大数据中心（北方）、国家区域医疗中心建设，打造医养结合示范省。三是"多点支撑"。山东结合各地产业特色和地域特点，确定了潍坊（健康食品）、济宁（健康文化）、泰安（健康旅游）、威海（医疗器械）、临沂（养老养生）、菏泽（生物医药）6 个产业发展支撑点。

（3）重点推进国家健康医疗大数据北方中心建设。近年来，山东的康养产业发展迅速，逐渐成为经济发展的新引擎。山东省重点推进国家健康医疗大数据北方中心建设。以提高发展质量和效益为中心，以打造万亿级产业为目标，以创建全国医养结合示范省和建设国家健康医疗大数据北方中心为抓手，围绕"医药养食游"等重点领域，着力转变发展方式、优化产业结构、转换增长动力，推动医疗、养老、养生、文化、旅游、体育等多业态深度融合发展，扩大医养健康产品供给，完善全方位、全周期医养健康产业链条，努力把医养健康产业培育成为山东省新的经济增长点和重要支柱产业，为健康山东和新时代现代化强省建设提供强有力支撑。

（4）确定了康养产业十大重点领域。具体包括医疗服务、健康教育与管理、健康养老、生物医药、医疗器械与装备、中医中药、体育健身、健康旅游、健康食品和健康大数据。在医疗服务领域，提出加快医疗服务创新发展，推进山东质子治疗中心、国家人类遗传基因库山东创新中心、中科院中能医用直线加速器等重大项目建设；提出推动智慧医疗发展，促进"互联网＋医疗健康"发展，构建覆盖卫生健康全过程的线上线下一体化服务模式。在健康养老领域，提出推进医养结合，加快适老化建设改造，推广普及老年教育，增加老年用品供给，重点发展适合老年人的情感陪护、娱乐休闲、残障辅助、安防监控等智能化产品。在生物医药领域，重点发展生物技术药物、海洋药物、小分子药物等。在中医中药领域，提高原研药、首仿药、中药、新型制剂等创新能力和产业化发展水平，做大做强药品流通业，打造面向全省、辐射全国的药品现代物流配送中心。在健康大数据领域，全面深化健康大数据应用，发展健康大数据新业态，促进大数据支撑下的健康维护、健康保障、健康产业三大体系融合发展。

山东康养产业的发展具有得天独厚的优势和良好的前景。然而，同时也面临着一些挑战，如产业结构不够优化、服务质量有待提高等。因此，未来山东应继续加大对康养产业的投入，优化产业结构，提高服务质量，以适应不断增长的市场需求。总的来说，山东康养产业的发展前景广阔，具有巨大的发展潜力，将成为未来经济发展的重要引擎。

2. 浙江：大力促进森林康养产业跨越式发展

浙江作为中国的经济强省，近年来，浙江康养产业发展迅速，逐渐成为该省经济发展的新引擎。浙江省统计局数据显示，截至2022年末，浙江康养产业的总规模已经超过了1000亿元，年增长率达到10%以上。其中，医疗康复、养生养老、森林康养、休闲旅游等领域均取得了显著的发展成果。同时，政府也出台了一系列扶持政策，为康养产业的发展提供了良好的政策环境。2019年以来，浙江通过规划带动、政策促动、区域联动、宣传发动、载体推动，大力促进森林康养产业实现跨越式发展。

（1）强化顶层设计。先后制定发布了《关于加快推进森林康养产业发展的意见》和《浙江省森林康养产业发展规划（2019—2025年)》，强化产业的政策引导。

（2）建立长三角森林旅游和康养战略合作关系。由浙江省发起，浙江、上海、江苏和安徽林业主管部门联合签署《长三角森林旅游和康养产业区域一体化发展战略合作协议》，共同谋划加快森林旅游和康养产业的区域一体化发展。

（3）打造森林康养大省和国际知名森林康养目的地。浙江明确了要充分依托浙江省"两山理论"发源地的优势与特色，将浙江打造成森林康养大省和国际知名森林康养目的地的发展目标。提出了构建"一心五区多群"的森林康养产业总体布局，着力构建浙江森林康养疗养、森林康养养老、森林康养食药、森林康养文化、森林康养体育、森林康养教育六大产业体系；加快推进森林休闲养生城市、森林康养小镇、森林人家、森林康养基地、森林氧吧、森林古道六大重点建设工程；提出完善森林康养基础设施、加强智慧森林康养建设、设立森林康养科研平台、培养森林康养专业人才、制定森林康养规范体系、拟定森林康养扶持政策六大支撑体系。

（4）强化森林康养建设主体的培育。浙江省林业局官网显示，截至

2022 年，浙江共有 10 家单位入选国家森林康养基地、森林体验基地和森林养生基地；省林业局等四部门联合认定省级森林康养基地 18 家。命名首批省级森林休闲养生城市 1 个，森林康养小镇 20 个，森林人家 59 个，命名浙江森林氧吧 104 个，全面加强森林古道保护修复等。

3. 上海：重视健康领域的全面发展

近年来，上海围绕"健康"主题，更加重视"全面"，将健康融入所有政策，关注影响健康的各种因素；更加重视"参与"，从"治病"转向"防病"，鼓励民众共建共享；更加重视"公平"，关注全人群、全周期健康，提升服务质量与保障水平。

（1）对标全球健康领先城市。《上海"十四五"规划纲要》提出，要对标全球城市，确定了 23 项建设指标。其中，主要健康指标"人均预期寿命"要保持发达国家水平；同时，特别增加了"健康预期寿命"——到 2020 年≥70 岁；到 2030 年≥72 岁、"常见恶性肿瘤诊断时早期比例"——到 2020 年≥30%；到 2030 年≥40% 等民众关注、体现健康水准的 10 个指标。上海从加强健康教育、塑造健康行为、建设健康文化、提高身体素质四方面，大力普及健康生活方式。据此，到 2030 年，上海民众健康素养水平将达到 40%，参加健康自我管理小组的人数将达到 120 万。

（2）重视健康科技创新。上海康养产业发展突出全人群、全生命周期健康管理、慢性病防控、建立整合型医疗服务体系、中医药传承创新等。上海还将强化健康科技创新，突出创新对健康的支撑引领作用；完善医学科技创新制度，支持医疗卫生机构、医学科研机构、生物医药企业联合开展医学科技创新；整合新兴学科、交叉学科和边缘学科，在重点领域率先建设医学协同创新集群。

（3）强化健康环境建设。良好的生态环境是人类生存与健康的基础。上海将构建安全的食品药品环境，充分运用"互联网＋"、大数据分析、人工智能等新技术手段，进一步完善食品安全全程追溯系统，实现智慧监管。同时，上海将优化传染病和相关因素监测体系，建成菌毒种保藏中心、公共卫生生物样品库、感染性动物实验室基地、高等级生物安全实验室等重大公共卫生设施，切实保障城市公共卫生安全。

（4）突出康养龙头企业引领。为高效引领带动上海康养产业发展，2022 年 6 月 30 日，上海市健康养老发展（集团）有限公司正式揭牌成立。上海康养集团注册资本 50 亿元，由光明食品集团、中国太保等共同出资成立，采用市场化方式运作的企业集团。集团将突出康养结合特色，提供普惠性、多样化的养老服务和产品，积极建设综合性健康养老服务社区、精品老年公寓以及为老服务中心等，同时努力提升居家社区养老水平，引领带动上海康养产业发展，提升老年人幸福感和获得感。2022 年 11 月，上海首个数字康养产业创新与体验中心——国药数字康养产业创新中心正式揭牌成立。该创新中心由国药康养、上海人工智能研究院、亿慈智能共同发起成立，旨在用数字化和智能化打通平台资源与服务机构，协同推进"医、食、住、行、康、养、护"服务的数字业务全覆盖，助力上海及长三角地区康养产业转型升级。国药数字康养产业创新中心将以"推动康养产业升级，引领行业高质量健康可持续发展"为使命，以数字康养、数字健康为主攻方向，持续为政府及行业提供创新发展的前沿解决方案。创新中心还将携手高校、科研院所及头部企业，共同研发落地"1＋3＋N"数智康养系统，同时围绕健康管理、康复护理、智能终端、养老金融等细分领域集聚百千家高新技术企业，打造技术链、创新链、产业链、服务链等多链合一的新型数智康养产业生态圈，促进康养产业规模化发展。

2.3.3　北方地区康养产业竞争力分析

1. 北京：努力建成健康中国首善之区

（1）康养产业总体发展迅速。北京现阶段城市健康基础设施水平已经全面提升，城乡健康环境条件持续改善，影响健康的主要因素得到积极治理，居民健康生活方式广泛普及，人均期望寿命稳步增长，市民健康水平明显提高，健康城市建设水平已经位居全国前列，《"十四五"时期健康北京建设规划》显示，2020 年末康养产业的总规模已经超过了500 亿元，年增长率达到15％以上。其中，医疗康复、养生养老、文化娱乐等领域均取得了显著的发展成果。同时，政府也出台了一系列扶持政策，为康养产业的发展提供了良好的政策环境，逐步将促进健康的理念融入公共政策制定实施的全过程，中西医并重，把健康融入所有政策，人民共建共享。

（2）持续加快健康产业与其他产业的融合发展。培育以健康服务为主要内容的旅游项目和产品，发展中医药、特色医疗、疗养康复、美容保健等健康旅游，打造一批健康旅游基地。根据《"十四五"时期健康北京建设规划》，到2030 年，北京与国际一流的和谐宜居之都相适应的现代化卫生与健康治理体系将基本建立，人人享受健康生活、人人享有基本医疗卫生服务、人人拥有健康环境的局面基本形成，人均期望寿命、婴幼儿死亡率、孕产妇死亡率等主要健康指标继续保持国际先进水平，健康中国首善之区基本建成。

2. 山西：以康养小镇和康养社区为主要抓手打造康养产业支柱产业

（1）山西省发展布局大康养战略格局。围绕在太原、忻州等城市进行康养园区和养老社区建设，带动山西省西部吕梁山区东侧南麓地区，以及东部太行山西侧中南部区域等东西两大健康养老产业园区经济带，在全省构建布局合理、适宜养生的"一区两片"健康养老产业格局。"一区"即以太原为中心，"两片"为西部吕梁山区东侧南麓地区和东部太行山西侧中南部区域，形成"清凉太原"等康养品牌，助力形成融旅游、居住、康养、医疗、护理于一体的产业集群。近年来，山西省持续开展通过康养小镇和康养社区建设，以此为抓手推进山西省康养产业有序健康发展。

（2）打造康养小镇和康养社区项目。2019 年，山西省率先推动实施大同桑干河森林康养小镇、垣曲左家湾生态康养小镇、山投太谷孟母文化健康养生城、盂县梁家寨温泉康养小镇、榆社云竹湖康养小镇、晋中小西沟文旅康养小镇、沁源灵空山康养小镇、定襄凤凰山温泉康养小镇 8 个康养小镇项目，大同兴云康养社区、忻州顿村温泉康养城、长治大辛庄绿城柳岸晓风康养社区、晋城瑜园康养社区、阳泉固庄智慧生态康养社区、潞城卢医山康养城 6 个康养社区项目。2020 年，山西省重点推动实施晋中晋龙泽康养小镇、霍州七里峪康养小镇、黎城黎侯白岩康养小镇、忻州奇村温泉康养小镇 4 个康养小镇项目，山医大一院太原上兰康养社区、泽州春风十里度假康养社区、夏县夏都温泉康养社区、晋城康馨园康养社区、安泽本草香泉中医药康养社区 5 个康养社区项目。2021 年，山西省重点推动实施平遥天鹭湖康养小镇、宁武东寨康养小镇、晋城洞头康养小镇 3 个康养小镇项目和广灵壶流河康养社区、晋城白马寺康养社区、阳曲黄寨中社康养社区、迎泽东山康养社区 4 个康养社区项目。

（3）康养产业打造成为山西省服务业的支柱产业。2022 年 5 月，为推动山西省康养产业发展，打造京津冀养生养老"后花园"等，山西省印发了《关于支持康养产业发展的意见》指出，要充分利用山西省适宜的康养纬度、海拔高度和文旅、森林、温泉、中医药等独特的康养资源禀赋，结合黄河、长城、太行三大板块开发，积极引入社会资本，扩大康养产品供给，培育康养产业集群，建立覆盖全生命周期、内涵丰富、形式多样、结构合理的康养服务体系，推动康养产业快速崛起，积极融入京津冀协同发展，主动对接长三角、粤港澳大湾区，努力把康养产业打造成山西省服务业的支柱产业。规划到 2025 年，山西省至少发展 20 家有一定规模的康养企业，来晋康养客群超过 150 万人，综合收入达 1000 亿元。

（4）打造京津冀养生养老"后花园"。山西省明确提出鼓励民间资本参与养老服务，支持社会办大型医养机构集团化、连锁化发展，打造

"康养山西、夏养山西"品牌，促进文旅康养融合发展。强调依托大同与北京区域相邻、地缘相接的优势，抢抓北京疏解非首都城市功能机遇，加快大同综合康养园区规划与建设，高标准打造北京老人康养社区，吸引30万北京老年人到大同养生养老。加大财政支持力度，设立规模为20亿元的山西省康养产业发展基金，政府出资2亿元作为引导资金。2025年底前，对社会力量投资建设的康养小镇，省财政给予一次性建设补助。

3. 河南：注重养老事业和康养产业协同发展

（1）打造中原健康养老品牌。作为拥有1亿人口的大省，河南康养产业发展潜力巨大。河南省政府多次指出要坚持事业和产业并举，打造中原健康养老品牌。2015年以来，河南省先后印发了《养老健康产业发展示范园区（基地）规划建设推进计划》《推进健康养老产业转型发展方案》《支持健康养老产业转型发展若干政策》等相关制度和文件，有力地推动了河南省健康养老产业转型发展。

（2）推动养老事业和康养产业协调协同发展。2021年12月，《河南省"十四五"养老服务体系和康养产业发展规划》正式发布，包括了养老服务体系和康养产业发展规划，推动养老事业和康养产业协调协同发展。提出着力健全基本养老服务，发展普惠型养老服务，完善提升养老服务保障水平，构建居家社区机构相协调、医养康养相结合的养老服务体系。

河南省明确提出，到2025年河南省养老服务水平达到或超过全国平均水平，结构合理、覆盖城乡、多层次的养老服务体系基本建成，居家、社区、机构养老更加协调，医养康养结合紧密，养老事业和康养产业协调发展，全面打造"豫佳养老"服务品牌，高水平建设中西部养老服务幸福高地和康养产业高地。到2035年，以公共养老服务为基础、康养产业为补充的养老服务架构基本成型，多层次、可持续、全方位的"大养老"格局全面形成；覆盖全民、城乡统筹、权责清晰的养老保障制度更加定型，老有所依的保障制度更加健全，多层次长期护理照护保障制度更加完善；养老事业和康养产业协同高效发展，适老产品和服务多渠道、多领域、高质量供给；多方参与、特色鲜明、产品丰富、供给有效的康养产业更加繁荣，开放、竞争、公平、有序的养老市场更加成熟，政府主导、机构自治、行业自律、社会监督的养老服务监管体系日益完善，养老、孝老、敬老的老年友好型社会基本建成。

4. 河北：建设京畿福地、老有颐养的乐享河北

（1）重视康养产业发展的顶层设计。2018 年 10 月，《河北省人民政府办公厅关于大力推进康养产业发展的意见》提出，要加快建设康养产业体系，大力培育康养产业，搭建康养产业支撑平台，打造优质康养品牌，促进医、养、旅、居、文、体等相关产业融合，不断提升康养产品质量和水平，更好满足广大人民群众多层次、多样化的健康服务需求，为建设新时代经济强省、美丽河北提供有力支撑。2023 年 3 月 14 日，河北省民政厅牵头起草并印发了《加快建设京畿福地、老有颐养的乐享河北行动方案（2023—2027 年）》。方案提出构建"一区（环京 4 市 14 县养老核心区）、一圈（秦唐石高铁 1 小时养老服务圈）、三带（燕山、太行山、沿海康养休闲产业带）"康养产业发展格局，打造京冀养老福地。

（2）打造环京津康养产业平台。发挥廊坊、保定等市区位优势，积极疏解京津健康养老功能，按照"医、护、养、学、研"一体化建设目标，建立一批医养结合机构，打造环京津康养产业平台。支持康养企业在雄安新区建立康养产业园区，加快形成一批康养行业关键技术、标准、专利等知识产权。建立智慧康养平台。推动信息技术产业转型升级，构建"互联网＋康养"产业发展模式，形成"立足当地、服务全省、辐射京津"的智慧康养公共服务模式。在雄安新区打造有核心竞争力的康养产业"硅谷"，建设数据应用、康养产品、康养教研的康养创新平台，授权承建企业在"互联网＋康养"服务及运营中，存储开发、开放共享、安全保障相关数据。打造医养结合平台。加快推进"政府保障与社会资

本相结合、居家养老与机构养老相结合、县乡村相结合、中西医相结合，突出重点人群"的"四结合一突出"模式，打造医养结合工作的河北品牌。鼓励和扶持护理院、康复中心、安宁疗护中心等医疗机构发展，完善治疗、康复、中期、长期护理服务链，推动医疗机构、养老机构资源互动融合，实现医疗、养老资源效益最大化。

（3）突出"建设京畿福地、老有颐养的乐享河北"。包含了推动实现全体老年人享有基本养老服务、优化城乡普惠养老服务供给、实施协同养老示范带创建行动、推动养老事业和养老产业协同发展、提高老年人生活品质 5 方面。为满足广大老年人养老服务需求，明确 2023 年建设家庭养老床位力争达到 7000 张以上。此外，要创新发展"行业 + 养老服务"业态，推进互联网与养老服务融合，强化养老领域供需信息对接，为老年人提供"菜单式"便捷服务。

（4）重视养老服务工程建设。根据河北省政府办公厅印发的《加快建设京畿福地、老有颐养的乐享河北行动方案（2023—2027 年）》（以下简称《方案》），自 2018 年开始，河北已连续 6 年将养老服务列入省委省政府 20 项民生工程，每年省级财政安排预算资金 1 亿元左右、省级留存福利彩票公益金 70% 以上统筹用于支持养老服务发展。《方案》显示，截至 2022 年底，河北省城镇街道居家养老服务中心覆盖率达到 100%，城镇社区日间照料设施覆盖率达到 90% 以上；养老机构 1804 家、床位 23.2 万张。河北已有 1299 家养老机构取得评定等级，其中三级以上养老机构 148 家。此外，全省养老服务领域 4 个单位和 8 名个人分别被评为全国养老服务先进单位和先进个人。

（5）培育康养产业主体。鼓励社会资本进入，全面落实税收等优惠政策，吸引社会资本进入康养产业。促进融资支持，推进创新创业，推进重点项目，扶持领军企业，依托雄安新区和河北省国家级、省级经济技术开发区及高新技术产业开发区，整合资源要素，完善基础设施，建设一批康养产业制造园区，组建省级康养产业园区创新发展联盟。打造具有较强区域影响力的休闲度假、健康养生、体育健身、健康旅游等特色健康服务园区。

5. 黑龙江：将康养旅游业培育成为新的经济增长点

（1）将康养旅游业培育成为黑龙江省新的经济增长点。2022年8月，为贯彻落实《黑龙江省产业振兴行动计划（2022—2026年）》提出的"坚持全域全季发展定位，推动旅游康养高质量发展"的任务要求，黑龙江省文化和旅游厅发布了《黑龙江省康养旅游高质量发展行动方案（2022—2026年）》。方案提出围绕将康养旅游业培育成为黑龙江省新的经济增长点目标，深入挖掘黑龙江省康养旅游资源价值、丰富康养旅游产品、弘扬康养旅游文化、创新康养服务模式、完善康养旅游设施、健全康养旅游保障体系，全力推动康养旅游业高质量发展，为践行"健康龙江"战略作出积极贡献。

（2）构建"康养旅游＋"全产业发展格局。黑龙江省明确提出依托大界江、大森林、大湿地、大湖泊、大草原、大冰雪、大农业等资源和四季分明的气候优势，加速优质资源的价值转换，积极推进康养旅游产业与健康、养老、体育等特色产业联动发展，通过康养旅游与多方面社会生活相融合，构建"康养旅游＋"全产业发展格局，构建宜居宜行宜游宜养的康养旅游品牌，创新康养旅游发展模式，加强康养旅游项目建设，建立健全康养旅游标准化体系，完善康养旅游服务配套，通过持续努力，推动黑龙江省康养旅游产业规模不断扩大、品牌影响力不断提升、产业体系不断完善、服务水平不断增高、综合竞争力不断增强，将黑龙江省打造成为产业要素齐全、产业链条完备、公共设施完善的中国生态康养旅游目的地。

6. 甘肃：全力实施文旅康养产业发展倍增计划

（1）着力打造文旅康养千亿级产业集群。《甘肃省国民经济和社会发展第十四个五年规划和二〇三五年远景目标纲要》（以下简称《纲要》）明确提出，要培育打造文旅康养千亿级产业集群。甘肃生态良好，气候宜人，旅游资源富集，发展文旅康养产业具有独特优势和巨大潜力。近年来，甘肃省抢抓机遇，在文化旅游与文旅康养产业链上做前瞻性布局，制定出台了《甘肃陇东南国家中医药养生保健旅游创新区建设总体规划》，创建了陇东南地区岐黄中医康复疗养基地、崆峒山—大云寺·王母宫养生文化体验基地等7大中医药养生保健旅游示范基地。2018年3月，甘肃平凉灵台县皇甫谧文化园和庆阳岐黄中医药文化博物馆成功创建为"第一批国家中医药健康旅游示范基地"，文旅康养产业走在了全国前列。

（2）重视文化旅游康养产业支撑体系建设。《纲要》显示，甘肃省将重点提升优化10个文化旅游康养园区（基地）；创新开发50个文化旅游康养小镇；开发建设253个文化旅游康养产业示范引领项目；引导拓展50个文化旅游康养新业态；培育升级100种以上文化旅游康养品牌产品；包装打造200种以上甘肃文化旅游康养特色商品；发展壮大100个文化旅游康养骨干企业；基本建成产业链完整、消费集聚度高、核心竞争力强的文化旅游康养产业集群和文化旅游康养消费聚集区，形成文化旅游康养产业可持续发展支撑体系。

（3）加快文旅康养产业集群建设。2022年，甘肃省编制了《甘肃省文旅康养产业发展一本账》和《全省文化旅游康养产业链发展实施方案》，提出以2019年全省文化旅游综合收入3000亿元为基数，"十四五"期间，年平均增长15%，到2025年，全省文化旅游综合收入达到6000亿元以上，全省文化旅游康养产业综合收入达到780亿元以上。到"十四五"期末，基本建成产业链完整、消费集聚度高、核心竞争力强的文旅康养产业集群。2022年，全省已注册经营文旅康养企业50家，谋划储备文旅康养重点投资项目316个，总投资2643.96亿元。

（4）注重康养产业融合发展。甘肃省深度挖掘特色文化、中医药养生保健旅游、美丽乡村等资源优势，积极引导鼓励文化旅游企业联合中医药生产企业，引进高科技工艺技术，创新开发推出中（藏）医药养生体验、温泉水疗、休闲度假、森林康体、诊疗保健、康养膳食、康养书画、康养科技、康养装备等系列特色产品，逐步形成布局合理、功能完善、门类齐全的文化旅游康养产品系列，满足不同层次市场需求，推动文化旅游康养差异化、多样化、系列化、特色化、地域化、品牌化发展。根据 2022 年《甘肃省文旅康养产业发展一本账》，截至 2021 年底，甘肃省陆续落地开工建设文旅康养项目 111 个，已累计完成投资 128.3 亿元，建成运营项目 18 个。

2.3.4 南方地区康养产业竞争力分析

1. 海南：提出"一核两极三区"健康产业发展空间布局

（1）产业规模持续扩大。海南康养产业起步较早，也受到了省政府的高度重视，因此已经发展成为海南省的一个重要产业，海南几乎囊括了康养旅游包含的所有原生资源，如温泉、海岛、森林、南药等。海南健康产业起步稳、成长快，总体呈现良好发展态势，产业规模持续扩大，特色不断凸显，集聚格局初步形成。2016—2019 年，海南医疗健康产业增加值由 101.61 亿元增长到 169.22 亿元，GDP 占比由 2.5% 上升为 3.2%，海南康养产业产值持续增长。

（2）构建"一核两极三区"的健康产业发展空间布局。2019 年 1 月，编制了《海南省健康产业发展规划（2019—2025 年）》，进一步明确了海南健康产业发展空间布局，提出"一核两极三区"的健康产业发展空间布局，明确博鳌乐城国际医疗旅游先行区是海南省健康产业的核心，海澄文一体化综合经济圈和大三亚旅游经济圈是两大增长极，以核心的发展，带动两极和东部、中部、西部三区协调有序发展。结合海南资源禀赋和发展潜力提出，一产健康农业重点发展南药、绿色健康食品、保健食品种植养殖等；二产健康制造业重点发展以海洋生物药和制剂为重点的制药、保健品、医疗器械、新型辅料耗材等；三产健康服务业重点发展医疗服务业、健康旅游、健康保险以及以康复、疗养、气候治疗、特殊疗法、健身休闲等为重点的康养服务业。推进通过健康产业发展九大工程建设，推动海南省健康产业协调发展。

（3）"候鸟"康养消费群体培育稳步发展。海南省有着数量庞大的"候鸟老人"群体，这类人群在目的地的停留时间比其他游客长得多，而且有较强的消费能力。"候鸟老人"群体还有望带动其亲友群体进行养老消费，从而为海南省养老产业提供一批潜在客户群体。"候鸟老人"是到海南省进行旅居养老的老年人群，是一种异地养老模式，而且具有长期性特色。2003年开始，大量的北方人尤其是来自东北地区的南下逐渐形成"候鸟人群"。旅居养老要求老年人既需要有支持异地旅行的身体条件，还需要有较好的经济条件，因为旅居养老的消费比居家养老和机构养老都要高。海南统计局网上公开数据显示，近几年，海南候鸟人口总量和占比逐年增加。2015年，候鸟人口为115万人；2022年，海南省政协《进一步加强"候鸟群体"服务管理　发挥"候鸟人才"作用的调研报告》显示，候鸟人口为164.77万人，约为海南户籍人口总数的17%，候鸟人口比2015年增长了43.28%。海南已形成了"候鸟"的康养模式，康养与旅游、地产结合，海南逐渐形成了一批各具特色、不同模式的医养结合、康养地产及康养旅游企业。同时，传统的康养产品也渐渐增多，各种健康度假园区和康养小镇陆续出现。

根据海南统计局数据，海南康养产业发展重投资，规模在400万元以上企业占比近70%，这些企业多为房地产企业和旅游企业转型，医疗服务企业仅占不到10%，由此可见，海南康养产业生态布局不够完善。另外，规模在51万~100万元的企业市场占比近20%，多为保健食品、互联网医疗服务、月子中心等小规模康养服务企业，市场占有率较低，尚未形成产业规模，不具备发展核心竞争力。从项目时间来看，海南康养产业在2012年后迅速发展，首先进入的是健康服务、疗养院企业，2017年之后，大量进入房地产、酒店管理与旅游企业，2018年之后，陆续进入医养企业和农业综合体项目等康养产业，康养产业服务和产品范围不断扩张。

2. 广西：构建"三区三集群"森林康养产业新格局

（1）森林康养产业发展基础良好。"十三五"期间，广西大力发展生态旅游产业，共评定 130 家森林旅游系列品牌单位和 18 个森林生态文化旅游核心示范区，深度开发了一批特色鲜明的林业生态旅游基地，并在保健养生、康复疗养、健康养老、健康运动、健康教育等康养产品方面进行探索创新。多年来，广西加快植树造林，加强资源保护，实现森林面积、森林蓄积量和森林生态价值"三增长"。根据《广西森林康养产业发展"十四五"规划》测算，广西森林生态服务功能总价值达 1.87 万亿元，森林植被碳储量达 5.11 亿吨，相当于吸收储存二氧化碳 18.8 亿吨，为森林康养产业发展奠定了基础。

（2）构建"三区三集群"的森林康养产业发展格局。2022 年 7 月，《广西森林康养产业发展"十四五"规划》印发，提出广西将构建"三区三集群"的森林康养产业发展格局。"三区"，即南宁综合发展产业片区、桂林休闲旅游康养产业片区、巴马国际长寿养生产业片区；"三集群"，即桂东生态康养产业集群、北部湾滨海康养产业集群、桂中民族医药康养产业集群。到"十四五"期末，逐步建成集康复医疗、保健养生、休闲疗养、度假养老、研学教育、文化体验、运动健身等融合发展的森林康养产业体系，构建产品丰富、标准完善、管理有序、人才有保障的森林康养服务体系，将广西打造成为森林康养大省和世界级森林康养目的地。

（3）加快打造森林康养基地。到 2025 年，广西将累计认定国家森林康养基地 15 个、广西森林康养基地 60 个、全国森林康养林场 10 处、森林康养基地服务体系建设试点 15 个、广西森林体验基地 40 个、星级森林人家 100 个、自然教育示范基地 30 个、职工疗休养基地 60 个。森林康养年服务人数达 5000 万人次，森林康养年综合收入达 1000 亿元。

3. 广东：突出大卫生、大健康的发展理念

（1）广东在发展康养产业上具有明显的优势。粤港澳大湾区有庞大的康养客户群体。中国健康协会数据显示，预计到 2025 年，广东省 60 岁及以上的人口占比将突破 18%。同时，有大量北方"候鸟式"康养客户群体来广东休闲旅游，进一步提升广东康养市场的规模。从康养资源来看，广东同时拥有海洋、森林等自然资源，拥有六祖文化、红色文化等人文资源。此外，广东有 14 个国家 5A 级旅游景区，为康养市场提供了更加丰富的元素。

（2）明确了 5 大重点健康领域。近年来，广东省重点发展普及健康生活、优化健康服务、完善健康保障、建设健康环境、发展健康产业 5 大健康领域，康养产业发展迅速，已经成为广东省经济发展的新亮点。中国健康管理协会数据显示，广东省康养产业的总规模已经超过了 1000 亿元，年增长率达到 20% 以上。中国健康养老产业联盟发布的"2022 年中国康养城市排行榜 100 强"中，广东省共计有十座城市入围，其中前十名独占两席，广州更是排名第二、深圳排名第七。

2.4 康养产业发展趋势

经过近二十年的发展，中国康养产业的政策体系逐步完善，市场参与主体多元化，主导业态基本成型，与医疗、旅游、文化、体育、科技等产业的融合创新得到快速发展，中国康养产业已经展现出其强大的发展势头和潜力。在未来，康养产业将得到长足、快速发展，将呈现出以下发展趋势。

2.4.1 大健康产业成为国民经济的重要支柱产业

党的二十大报告从"增进民生福祉，提高人民生活品质"的角度阐述实施积极应对人口老龄化国家战略，发展养老事业、养老产业和健康产业。国家层面积极推动健康养老事业建设，将亿万家庭的"家事"上升为"国事"，多方向规划康养事业发展，出台多项政策保障民生，主要包括医养结合、养老服务规范、农村养老均衡发展、强化居家社区养老、支持物业企业开展居家养老服务、提升老年健康服务能力、促进健康老龄化的科技和产业发展。

同时，国民对健康和健康服务加大了重视，对运动康养、休闲康养、旅游康养、医疗综合服务等多种康养服务的产业需求也必将推动康养产业快速发展。多产业融合发展的性质将带来地方经济整体实力的提升，大健康产业链成为未来国民经济的重要支柱产业。

2.4.2　融合发展成为康养产业发展新方向

当前，康养产业已然成为引领我国经济发展的新引擎，优先布局，抢占市场成为投资者的共识，其中不乏跨界而进入大健康领域的巨头。在科技领域，阿里健康提供天猫医药服务，上线支付宝"未来医院"，腾讯推出"腾爱医疗"战略，将智能终端、医生平台、金融医保以及健康大数据这四项业务彼此联动。在金融领域，泰康、中国平安等企业纷纷通过自建或投资并购、跨界合作等方式布局大健康领域。在房地产领域，"康养＋地产"跨界大健康项目，绿城、远洋、万科等房地产头部企业纷纷布局，康养产业的企业主体已不限于旅游公司、医疗机构和旅游景区，各类企业都可以成为康养产业链的一部分。而由于人民对健康生活需要的不断变化和理念范围持续扩张，康养产业本身也呈现出"产品升级""服务升级""市场主体升级"和"全球化市场/全龄化市场升级"等各方面的转型升级趋势，未来的康养服务和产品必将是融合多项服务内容和产品属性的综合性产品。另外，大数据、区块链等信息技术的应用，以及物联网、人工智能、虚拟现实的高科技技术的赋能，打造智能化、数字化、科技化产业，将极大提升康养的体验感和便利性，也有助于企业和政府部门及时掌握市场需求变化，科学配置产业资源，优化服务品质。而借助于信息技术手段，市场范围也将突破地域限制，在更大范围形成产业影响力和竞争力。

2.4.3 康养需求表现出多元化与情感化

2022年2月，国务院《"十四五"国家老龄事业发展和养老服务体系规划》指出，要强化居家社区养老服务能力，完善老年健康支撑体系，大力发展银发经济，引导商业保险机构加快研究开发适合居家护理、社区护理、机构护理等多样化护理需求的产品。同时，在康养过程中，休闲、运动、饮食、心理等多个方面的服务需求也会催生更多的产品提供。企业从事康养产业将不限于基于资源驱动的产业模式，还可以从文化享受、心理疏导、智慧医养、社会交际、康养器械和玩具等方面提供多元服务和产品，康养产业空间巨大。

另外，研究表明，消费者在康养消费过程中，表现出更强烈的情感需求。特别在银发群体中，老年人更愿意生活在熟悉的社区和年龄趋近的社群中，也因此催生了社区康养模式、异地康养房产模式、老年旅游等。这些康养模式在本质上都是对康养群体较强烈的群体认同需求和心理抚慰需求的响应。从业主体需要敏锐抓住康养人群的情感需求，开发相应的康养服务，将开辟出可观的商业蓝海。

 专栏 2–2

海南候鸟式异地康养

海南候鸟式异地康养，是一种远离寒冷冬季、拥抱温暖阳光的康养方式。海南候鸟式异地康养主要活动包括：在海南度过寒冷的冬季，欣赏美丽的海滩、享受阳光的沐浴、品尝当地美食、参加各种文化活动以及进行医疗养生等。参与人群来自全国各地，他们或是为了摆脱寒冷的冬季，或是为了追求更健康的生活方式，或是为了寻找一个适合养老的地方。

海南候鸟式异地康养的优点在于：首先，气候宜人，阳光充足，适合冬季养生；其次，自然资源丰富，海滩、森林、温泉等都是康养的好去处；再次，为北方人专门打造的小区也为前去度假的北方人提供了良好的社区环境和熟悉的社交氛围；最后，优质的医疗服务也为康养人群提供了更多的保障。

资料来源：《海南省健康产业发展规划（2019—2025 年)》。

2.4.4　康养产业新业态带来新的发展机遇

1. 康养小镇

康养小镇是指以健康养生为主题，融合了休闲、旅游、养生、文化等多种功能的小镇。这种小镇的发展得到了政府和市场的广泛支持，为人们提供了一个全新的健康养生平台。

目前，康养小镇已经在国内外的许多地区得到了广泛的发展。在国外，一些知名的康养小镇如瑞士的达沃斯小镇、美国的太阳河小镇等，已经成为全球康养旅游的代表。在国内，一些地区也在积极推动康养小镇的发展，如海南的博鳌小镇、浙江的莫干山小镇等。这些小镇在政策扶持、资源整合、品牌推广等方面发挥了积极作用，为康养小镇的进一步发展奠定了基础。康养小镇能够依托不同地域的资源环境，通过建设文化旅游设施和养老院、医院、酒店、康养地产、商业配套等，满足康养消费者长期旅居养生的需求。康养小镇融合度假养生、生态体验、高山避暑、森林康养、温泉水疗、湖泊养生、田园养生等业态，通过养颜健体、营养膳食、养心养性、环境体验等各种手段，形成"康养产业 + 旅游产业"的体系，同时带动其他康养板块的发展。国内的康养小镇的模式包括森林康养小镇、竹林康养小镇、温泉康养小镇、中草药综合康养产业小镇、观光农业康养产业小镇等。一些康养小镇除了提供基本的健康管理和养生服务外，还引入了医疗美容、运动康复、心理辅导等特色服务，以满足不同人群的需求。此外，康养小镇还注重文化内涵的挖掘和创新，通过举办各类文化活动和艺术展览，提升服务品质和吸引力。康养小镇作为康养产业发展的新形态，满足了顾客对健康养老养生的多层次多元化需求。

康养小镇作为一种新兴的旅游业态，未来还有很大的发展空间。首先，随着全球人口老龄化的加剧，康养小镇的需求将进一步增长。同时，科技的进步和人们健康意识的提高也将为康养小镇的发展提供新的机遇。未来，康养小镇将更加注重科技的应用和创新，如人工智能、大数据、物联网等，以提高服务质量和效率。康养小镇还将更加关注人们的心理健康和社交需求，通过引入心理辅导、社交活动等服务，满足人们的多元化需求。

 专栏 2-3

康养小镇的实践案例

（1）瑞士达沃斯小镇。达沃斯小镇是瑞士著名的康养小镇，拥有丰富的医疗资源和优美的自然环境。小镇除了提供基本的健康管理和养生服务外，还引入了医疗美容、运动康复等特色服务，吸引了大量游客前来体验。

（2）美国太阳河小镇。太阳河小镇是美国著名的度假胜地，拥有得天独厚的自然环境和丰富的户外运动资源。小镇注重户外运动与健康养生的结合，提供了多种户外运动项目和健康管理服务，成为游客们健康旅游的首选之地。

（3）中国博鳌小镇。博鳌小镇是海南省著名的康养小镇，拥有丰富的中医药资源和优美的自然环境。小镇融合了中医养生、温泉疗养、休闲旅游等多种功能，为游客提供了一个全新的健康养生平台。

（4）莫干山体育小镇。莫干山镇位于美丽富饶的长江三角洲的杭嘉湖平原，国家级风景名胜区——莫干山在其境内，境内群山连绵、环境

优美、气候宜人，物产、旅游资源十分丰富。近年来，高端生态旅游兴
起，户外休闲运动市场需求旺盛，环莫干山区域优美的生态环境能够吸
引众多户外运动爱好者和投资商。莫干山投资打造一个以"裸心"为主
题的体育特色小镇，将体育、健康、文化、旅游有机结合，形成极限探
索、户外休闲、骑行文化等不同特色，打造成为具有山水特色的户外运
动赛事集散地、山地训练理想地、体育文化展示地、体育用品研发地。

资料来源：中国人民大学国家发展与战略研究院老龄产业研究中心
编制的《南阳市康养产业发展规划（2020—2035 年)》及调研报告。

2. 康养综合体

康养综合体作为康养产业的一种重要业态，具有集合健康、养生、
休闲、旅游等多种功能的特点，满足了人们对健康生活和养生的多元化
需求。

当前，我国康养综合体的发展呈现出快速增长的态势。一些地区已
经形成了具有一定规模的康养产业聚集区，如海南、福建、浙江等。这
些聚集区在政策扶持、资源整合、品牌推广等方面发挥了积极作用，为
康养综合体的进一步发展奠定了基础。同时，康养综合体的服务内容也
在不断拓展和优化。一些康养综合体除了提供基本的健康管理和养生服
务外，还引入了医疗美容、运动康复、心理辅导等特色服务，以满足不
同人群的需求。此外，康养综合体还注重文化内涵的挖掘和创新，通过
举办各类文化活动和艺术展览，提升服务品质和吸引力。如云信健康与
光大养老共同在济南打造的万悦国际康养城就是当前康养综合体发展的
典型代表之一。其内部包含国际医院、养老服务中心、健康商业中心、
国际康养公寓，项目依托智慧服务平台，为近 2000 户家庭、3500 余位业
主提供 173 项专业化、智能化的高品质康养服务和健康管理服务。

在未来，康养综合体将更加注重科技的应用和创新，如人工智能、
大数据、物联网等，以提高服务质量和效率。康养综合体还将更加关注
人们的心理健康和社交需求，通过引入心理辅导、社交活动等服务，满

足人们的多元化需求。此外，康养综合体还将加强与医疗、教育、旅游等领域的合作，实现资源共享和优势互补，推动产业的协同发展。这种跨界合作将为康养综合体带来更广阔的市场空间和更丰富的发展机遇。

3. 康养酒店

康养酒店是一种以提供健康、养生、休闲、旅游等服务为主的酒店。它们通常拥有丰富的健康管理、养生保健、休闲娱乐等设施，以及多样化的文化体验活动，吸引着越来越多的游客前来体验。目前，全球范围内的康养酒店数量不断增加，主要分布在欧洲、北美洲、亚洲等地区。瑞士、奥地利和东南亚等度假胜地的康养酒店发展较为成熟，我国康养酒店尚属于起步阶段，国内主打康养元素的酒店主要集中在景区内部或温泉资源丰富的度假地，如广东、福建、云南、河北等，典型代表如苏州音昱水中天、青城山六善酒店等。

康养酒店作为康养旅游的重要组成部分，为游客提供了一个融健康、养生、休闲、旅游于一体的综合平台。康养与酒店的概念融合，则不仅融合了度假型酒店和公寓型酒店的特点，还在设计功能上嫁接了文化、休闲、医疗、养生等康养需求，康养酒店已不是旅途中的客栈，而是随着社会大发展承载多种康养功能，构建了酒店行业的全新定义，实现健康服务、休闲养生与旅游度假的完美结合，也是医疗化、非侵入式的健康管理与酒店管理体系相结合，以生活方式和全面健康提升为目的的新的酒店业态和模式。市场上很多酒店业态仅仅是增加了单一的康养设施，并不能被真正定义为康养酒店。2018 年 4 月，健康旅游协会重新修改了对"康养中心"（wellness resort）的定义，提出了住宿服务要注重与康养服务配套的"康养＋酒店"发展趋势。总之，康养酒店作为康养旅游的重要组成部分，具有广阔的发展前景。未来，康养酒店将在政策支持、技术创新、市场拓展和品牌建设等方面实现进一步发展，为康养游客提供更优质、更全面的健康养生服务。这将有助于推动康养产业的持续发展，满足人们日益增长的健康养生需求。

第3章 康养产业竞争力培育
路径选择及实例研究

当前学术界和业界对康养目的地康养产业竞争力的内涵和外延还没有明确的界定。本书认为康养目的地康养产业竞争力是指该产业影响消费者康养目的地选择的竞争能力。在可持续发展视角下,康养目的地康养产业竞争力是指在保护康养目的地生态资源,实现可持续发展的前提下,满足康养群体对康养的更高需求和保证当地居民的生活质量,做到经济效益和社会效益的动态平衡。其中,实现康养目的地康养产业可持续发展是最高目标,因此,本书从可持续发展的角度出发,研究康养目的地康养产业竞争力的路径选择。

从可持续发展视角出发,康养产业的核心竞争力培育需要长远规划。保持康养目的地吸引力,如果还以短期利益换取未来利益,短期行为破坏长期发展为发展模式,那么康养目的地的生态资源会不断遭到破坏。在特别依赖原有生态自然文化旅游资源的康养产业开发中,生态旅游资源的不可再生性需要得到重视,一旦出现短视行为,将对康养目的地吸引力和竞争力产生极大的破坏,甚至对康养目的地的社会和经济产生不可逆转的冲击。

本章根据从事康养产业活动主要依托资源的不同,将康养产业核心竞争力培育划分为医疗资源驱动型、自然资源依托型、文化植入融合发展型和新兴业态驱动型等发展路径。基于不同的康养产业路径,本章选取典型案例,分析典型康养目的地根据各自康养资源优势,作出不同的康养产业竞争路径的选择。

3.1 康养产业竞争力的构成要素

3.1.1 获得康养目的地长远发展的能力

时至今日，很多传统康养目的地依然保持着热度，都是将目的地可持续发展放在首要位置的地区（城市），而不少曾经"风靡一时"的康养目的地，为了短期的经济利益，大肆破坏性开发旅游资源，今天已经"难觅踪影"，这说明可持续发展才是康养目的地的首要原则。政府规制部门近年来也加大了对破坏康养目的地生态环境的打击力度。通过市场规律和政府规制的发展趋势，可持续发展对康养目的地的重要性，必须具有长远规划能力。

3.1.2 保持和提升康养资源吸引力的能力

分析康养目的地的康养资源并设计合理的方式进行运营，是对区域发展的核心资产的有效利用方式。在开发和利用康养资源的过程中，必然伴随着消耗，这就对康养目的地提出了有效保护和维护旅游资源的重要任务。如果得不到保护，那么康养资源的吸引力将逐渐减小。同时，积极培育和开发文化资源和医疗资源是提升康养目的地吸引力重要措施，在不破坏当地生态资源和文化传统的基础上，打造康养目的地文化特色，实现康养目的地的持续利用价值。通过康养目的地的保护、文化资源开发和医疗保障能力的提升，可以保持甚至提升康养目的地吸引力。

3.1.3 维持和提升康养目的地经济社会文化的全面发展

康养目的地的健康可持续发展，在保证了康养目的地长远规划能力和保持康养目的地吸引力能力的基础上，还要不断提升目的地社会和经济的发展。在康养目的地社会和经济发展中，通过康养产业的发展，带动当地其他产业的发展，将该地区的产业结构实现"康养＋"的模式，改善本地区人员的收入水平，提供更多工作岗位，增加地方政府税收。因此，康养目的地还要通过不断提高经济和社会发展来实现竞争力的提升。

3.2　医疗资源驱动型竞争力培育路径

3.2.1　依托医疗机构构建康养产业竞争力

1. 发展思路

康养目的地以具有较大影响力的先进医药研究机构、疾病研究中心、医院、美容养生机构等医疗机构为核心资源驱动康养产业的发展，主要开展重点疾病治疗、美容养生、愈后康复等服务，融合了疗养、度假、养老等业态。其核心优势是医疗机构本身能够带来大量的域外客源，围绕这些客源能够进行针对性的建设配套，进而形成独特的康养产业发展竞争能力。

2. 典型案例：瑞士蒙特勒——医疗机构引领康养旅游打造高端医疗养生之都[*]

瑞士蒙特勒（Montreux）立足良好生态，依托先进技术，城市定位为高端医疗养生之都，积极拓展康养旅游。

---

[*]　根据百度文库《瑞士蒙特勒、美国太阳城案例研究》整理。

蒙特勒是瑞士沃州的一个小镇,面积41.37平方千米,位于日内瓦湖东岸,背靠阿尔卑斯山,森林覆盖率44%,拥有湖、山、城堡等美景。作为羊胎素的起源地,以抗衰老医疗旅游闻名全球,每年有超过3万名外国人来接受治疗和疗养,人均消费超过百万瑞士法郎。

蒙特勒小镇致力于打造高端医疗康养路径,集优美湖泊风景、顶级医疗技术、特色定制化疗养服务和完善度假设施于一体,构建了完善的养生度假城市支撑系统,形成一整套有特色、可持续盈利的发展路径。

(1)生态立镇。发展的第一阶段,依托当地良好的自然生态环境,充分利用和发挥生态环境优势和文化历史古堡遗迹,打造优美的田园、山林、湖泊风光,建设适宜于康养、旅居的度假环境。同时举办爵士音乐节、葡萄酒文化节等节庆活动,形成优美的田园生活小镇、湖泊休闲小镇和浪漫的爵士音乐小镇。

(2)医疗兴镇。发展的第二阶段,依托当地羊胎素的研发及使用,发展相关的健康医疗产业,形成世界知名美容抗衰老圣地。蒙特勒共有11家高端私立医院,包括独创了"羊胎素疗法"(活体细胞恢复疗法)的草原疗养院、可进行"羊胎素全器官精华素"治疗的静港中心医院等。其服务主要包括3~5天的健康检查之旅或驻颜保健、疗养之旅,利用生物科技进行基因缺陷检测,慢性病基因疗法,抗衰老、细胞活化疗法等定制化服务。瑞士静港的客户中就包括前南非总统曼德拉(Nelson Mandela)、法国影星阿佳妮(Isabelle Adjani)、西班牙明星安娜(Ana Obregon)等众多名人明星,为瑞士静港赢得了世界范围的影响力。

(3)医疗旅游。发展的第三阶段,依托当地高端医疗康养资源,推出医疗康养旅游,带动休闲旅游度假,形成世界著名医疗康养之都。基础设施方面建设包括74家康养酒店、滨湖康养别墅、半山康养别墅等,同时联动周边发展众多家庭旅馆。提供不同系列的温泉疗养系统、特色SPA,同时组织策划7月蒙特勒爵士音乐节、9月音乐节、蒙特勒女排精英赛等品牌活动。在人才培养方面,蒙特勒重点打造全球酒店管理学校排名第四的蒙特勒酒店管理学校、私立学校、语言学校等。

3.2.2　依托医药资源构建康养产业竞争力

1. 发展思路

康养目的地依托医药原材料、医药产品、医药企业等资源发展健康养生产业，通过医药企业形成集聚效应，提高研发能力，降低生产成本，形成医药品牌与文化。主要业态包括相关健康养生服务机构、企业的下游网点、中医药养生服务机构、中医药种植养生园、药膳理疗体验服务等，进而形成独特的康养产业发展竞争能力。

2. 典型案例：德国弗莱堡——借助气候医学将康养融入城市设计＊

弗莱堡位于德国西南边陲，紧邻法国和瑞士，面积 153 平方千米，人口约 23 万，是德国典型的中型城市。弗莱堡最强的经济行业之一是健康产业。其中，健康经济领域内就业人数占全市就业人数的 21%，远超其他领域。

弗莱堡还聚集了健康产业领域的两大集群：一个是弗莱堡健康经济产业集群，另一个是弗莱堡生物谷。该区域聚集了 600 多家生命健康相关企业，40% 为世界顶尖生物企业，其中 350 多家为生物技术研发企业，250 多家为生物医药公司，吸纳了 50000 多名就业人员，15000 名专职研发人员。

弗莱堡利用气候医学发展基础将自然资源转化出康养价值，以慢性病为核心培育健康产业链，吸引上游技术研发企业和下游酒店等旅游服务业的聚集。同时将康养的理念融入城市的设计与建设中，培育健康养生环境与氛围。

（1）利用气候医学将自然资源转化出康养价值。弗莱堡利用气候医

＊　根据秦岭《德国 弗莱堡 圣卡洛鲁斯老年人之家》整理。

学这一康养产业理念和气候医学的科学实践，将自身的阳光、地形、河流、森林等资源作为康养产业的输入条件，转化出了自然资源的医疗康养价值。借助气候医学这一理念，弗莱堡充分发挥了自身拥有广袤的森林，地形高低起伏的特点，在林间打造了长达450千米多样化的徒步散步道，以满足不同康养人群差异化的治疗需求。

弗莱堡还与德国徒步联合会及奥斯纳布吕克应用科技大学理疗专业合作开发，特别建设了针对55周岁以上缺乏运动人群的散步道。此外，由于健康徒步每次时长不超过2小时，其间需要辅以各种理疗练习，以促进肩部与足部循环并配有部分平衡练习，弗莱堡的黑森林徒步协会还特别依托城市建设的多种散步道体系，开发了预防性健康旅游项目并提供专业指导人员资质培训，以满足来此旅游的健康人群的康养需求。

（2）以慢性病为核心培育健康产业链。弗莱堡的康养产业的关注重点始终在慢性病的治疗与养护，抓住康养产业"最大的一块蛋糕"，向上吸引研究机构和企业，加强技术转化，向下与酒店合作强化酒店专业特色，提高不可复制性。

第一，聚集慢性病医疗机构。针对不同的慢性病，弗莱堡聚集了一批医疗机构，包括弗莱堡肿瘤中心、弗莱堡放射治疗中心、弗莱堡心脏中心、西格玛精神障碍私人医院等。

第二，向上吸引研发机构与企业。借助弗莱堡大学医疗中心，吸引马克斯·普朗克协会的免疫技术学和实验胚胎学研究中心等研发机构，以及350多家生物技术研发企业。

第三，设置技术转化中心。技术转化中心涵盖专利局、合同局、创始人办公室、技术营销部等职能部门，快速地与生物医药企业形成对接，将康养产业链条延伸到了生物医药产业，并为康养产业提供技术创新支撑。

第四，向下与酒店合作，启用专业检验检测。弗莱堡设立了专业的卫生学部门提供系统化的产业卫生检测服务，同时弗莱堡的很多酒店与专业诊疗机构之间有着成熟的合作通道，专业诊疗服务可以通过能够更广泛接触客户的酒店终端对外输出，更直接的面向市场。同时，酒店终端在诊疗机构的实际合作中，进行了专业照护模式的孵化与落地，进一步提升了自身的专业服务能力。

（3）健康导向的城市设计与建设。弗莱堡通过康养产业导向的政策、规划、设计和城市建设，营造城市康养氛围与特色，用"花心思、小投入"的方式打破了发展康养产业必须大投资的固有思维。《弗莱堡"绿色"远景规划2030》（*Perspektivplan Freiburg* 2030）提出围绕弗莱堡的三片绿地、三条河流、三条交通进行绿色空间的联结和重建，让三者融合发展成为一体的城市生态网络，进一步优化弗莱堡的城市气候。

弗莱堡没有围绕健康产业修建产业园，而是在新城建设的城市规划中提前谋划，通过建设留白，形成城市风廊，让城市处处透氧，构建优质的城市康养环境。弗莱堡的斯尔菲尔德住区（Rieselfeld）和沃邦住区（Vauban）在规划建设时明确提出"建设区域性空气通道"，不仅在社区内嵌入大量的绿地，同时将街区路网方向与夏季风主导风向形成夹角，实现城市内部微通风。

弗莱堡的城市建筑多修建大型阳台和户外城市休闲空间，让城市居民和游客感受全息化的阳台城市氛围，构建更愉悦、更广泛、更阳光的交流环境。弗莱堡在市域范围内的公园、绿地、湖滨和河流周边等绿色空间则设置了大量的日光浴场，生活在弗莱堡，就等于是在进行气候康养。

弗莱堡的城市设施也发挥了气候康养的疗愈效果，在弗莱堡的气候康养中，运动被认为是健康生活的核心——不同的运动方式也会帮助人们达到不同的康养疗效。在普通人看来只是代表健康生活方式的骑行活动，而在弗莱堡的气候康养旅游中，骑行则被视作预防医学中重要的医疗运动项目之一。从1970年开始，弗莱堡不断铺设自行车专用骑行道。目前，稠密的自行车专用道已经连接成网，总长度500千米。

通过这些独特的做法，弗莱堡成功地将康养融入城市设计，打造了一个健康城市的典范。

3.2.3 依托健康管理构建康养产业竞争力

1. 发展思路

康养目的地以体检机构、健康管理服务中心为依托，重点开展疾病体检与早期干预、提供个性化的健康管理建议、治疗后的康复训练服务、孕前体检与养护等康养服务，主要客群为孕妇和老人，进而形成以健康管理为特色的康养产业发展竞争能力。

2. 典型案例：日本大阪——健康管理引领康养产业发展[*]

日本大阪以专业化的体验、定制化的选择与精细化的服务吸引康养人群。日本健康管理具有悠久历史，目前健康管理医疗机构多分布于东京和大阪。其中大阪城市医疗资源相对集中，凭借其专业化的体检、定制化的选择和精细化的服务在全世界吸引了大量体检旅游人群，形成了规模较大的健康管理产业。

（1）专业化的体检。大阪拥有大阪市立大学医学院附属医院、大阪医科大学附属病院、大阪大学医学部附属病院、大阪国际癌症中心等一批体检服务医院或机构，均配备了精密的监测仪器保障监测的准确性。如大阪市立大学医学院附属医院的高级体检套餐配备了心脑血管相关的一系列检查，如颈动脉核磁共振（颈部 MRA）和头部核磁共振（头部 MRI·MRA）、动脉硬化检查、肝硬化、糖尿病筛查、心脏彩超、心衰指标等。体检后机构提供体检报告，也可以向医生当面交流咨询，寻求建议与解答。

（2）定制化的选择。大阪体检具有不同主题，以套餐服务的方式满足不同人群的体检需求，如针对具有职业病人群的亚健康套餐、针对中

---

* 根据百度文库《日本大阪健康产业现状及未来发展趋势》整理。

老年人的心脑血管套餐、针对 35 岁以上中年人群的癌症筛查套餐、针对 30 岁以上已婚女性的女性专用套餐等。同时大阪健康管理机构还能够根据个人情况提供定制化的体检方案，客户可自行选择基础检查项目与高级项目进行搭配。

（3）精细化的服务。大阪健康管理服务机构除体检本身外，还能够配套提供问诊服务、一对一专业陪同翻译、体检报告翻译、AIG 旅游保险、市内接送、五星级酒店等服务，甚至配套提供体检之外的旅游休闲服务，为整个体检过程营造良好的体验氛围和舒适的环境。

3.2.4　医疗资源驱动型竞争力培育路径总结

借助医疗资源发展康养产业的核心在于技术，无论是蒙特勒、弗莱堡还是日本大阪，虽然其康养产业的具体立足领域有所不同，但三者都具备全国乃至世界范围内知名的医疗技术或研发技术，从而确立了自身在某个细分领域内无法替代的竞争优势，将自身的潜在客源群体扩大到国际层面。

以技术为核心，进一步衍生出相关的医疗服务机构、下游酒店、上游企业和研发机构，形成吸引游客的内核，继而结合自身历史文化资源、自然环境资源进一步发展休闲度假旅游的相关配套业态，甚至在进行城市建设时有意以康养产业为导向，形成吸引游客的外核，将康养与旅游紧密结合起来，增加游客的停留时间和消费项目，也提高了游客出游的体验感与舒适度。

3.3　自然资源依托型竞争力培育路径

3.3.1　依托森林资源构建康养产业竞争力

1. 发展思路

康养目的地以空气清新、环境优美的森林资源为依托，开展包括森林游憩、度假、疗养、运动、教育、养生、养老以及食疗（补）等多种业态的集合，康养目的地可以以森林资源为核心，打造独特的康养产业发展竞争能力。

2. 典型案例：FuFu 日本山梨保健农园 *

（1）发展概况。FuFu 日本山梨保健农园（以下简称山梨保健农园）以自然资源为基础，建立完备的基础设施，培养专业化人才，设置灵活课程满足康养人群需求。

日本拥有世界上最先进科学的森林养生功效测定技术，森林疗养理论和实践的研究水平世界领先。日本设立了"森林疗法协会"，建立起完备的森林疗养基地认证制度和森林疗养师考核制度，设置了固定的森林疗养课程，目前已认证了 62 处森林疗养基地，森林疗养管理工作规范有效，在日本社会认可度极高。

山梨保健农园位于日本山梨市牧丘町，占地 6 万平方米，拥有丰富的自然资源和先进科学的管理体系，是日本知名的森林疗养基地。山梨保健农园以基地酒店为载体，以丰富的自然资源为基础，以"健康管理服务"理念为指导，以专业化人才和先进设备保证治疗效果，通过提供"定制化森林疗养课程"的方式，帮助不同需求的客人实现深度的康养体验，进而达到彻底放松身心和疗养休闲的目的。

（2）发展特色。主要包括以下几个方面。

第一，基础设施完备。山梨保健农园以酒店为基本的课程活动空间，除基本餐饮住宿外，还配有丰富完善的基础设施和设备，包括瑜伽教室、健身教师、读书角、观星台、心理咨询室、按摩室等。

第二，丰富的自然资源。作为课程活动的延伸和主要室外课程场所，山梨保健农园海拔差异明显、植被丰富，既有森林又有花园、农田、果园，为康养服务提供了良好的自然基础。

---

* 根据知乎《森林康养基地样板——日本 FuFu 山梨保健农园》整理。

第三，专业化人才。为保证课程的科学性、严谨性和治疗效果及安全性，保健农园还为课程配备了具有专业资质认证的老师，包括芳香疗养师、森林疗法师、心理咨询师和按摩师等。

第四，课程设置灵活。山梨保健农园设置"两天一晚""三天两晚"和"长住"三种类型的住宿计划以及一日游的停留计划，按照个人时间安排游客可以享受任何计划。具体课程依据"睡眠调节、运动、饮食疗法、感觉活用、放松和沟通"这六种方法进行设定。

3.3.2　依托气候资源构建康养产业竞争力

1. 发展思路

康养目的地以地区或季节性宜人的自然气候（如阳光、温度等）条件为康养资源，在满足康养消费者对特殊环境气候的需求下，配套各种健康、养老、养生、度假等相关产品和服务，形成的综合性气候康养产业，康养目的地可以以气候资源为核心，构建形成独特的康养产业发展竞争力。

2. 典型案例：攀枝花借助独特气候优势打造"阳光花城·康养胜地"*

（1）发展概况。攀枝花是中国气候宜居城市、国家森林城市和国家园林城市，属南亚热带干热河谷气候，年均气温20.7℃，森林覆盖率62.38%，冬无严寒、夏无酷暑，是"一座没有冬天的城市"。2010年，攀枝花率先提出"康养"概念，成为全国康养产业的首倡者、先行者和标准的提供者。经过十余年的积极探索和发展，攀枝花市先后获得中国康养城市排行榜50强、全国康养产业可持续发展能力十强地级市、中国

＊ 根据雷应朝、李强、肖亮、房红、覃开智等编撰的《攀枝花康养产业发展报告》整理。

优秀旅游城市、国家森林城市、国家园林城市、中国城市宜居竞争力排行榜 50 强、国家医养结合试点城市、国家康复器具产业综合创新试点城市、国家智慧健康养老示范基地等荣誉称号，逐步构建起了有利于加快康养产业发展的政策制度环境，初步形成了独具特色的阳光康养产业体系和"冬季暖阳·夏季清凉"康养城市品牌。

（2）发展特色。首创"六度禀赋"康养资源评价指标。攀枝花拥有发展康养产业的独特的气候资源禀赋。攀西大裂谷地带被称为"中国暖谷"，位于青藏高原和云贵高原的结合部，经过 3.7 亿年的长时间的构造运动而形成，因其气候条件独特，日照充沛，四季无冬，物产丰富，被命名为"中国暖谷"。攀枝花位于攀西大裂谷中，这里一年四季鲜花盛开，瓜果飘香，生机蓬勃，拥有特别适宜人类休养生息的海拔高度、温度、湿度、洁净度、优产度、和谐度，为发展康养产业提供了良好的基础。

第一，海拔高度方面，攀枝花海拔最高 4195.5 米，海拔最低 937 米，海拔相对高度 3258.5 米，一般相对高度 1500～2000 米。科学研究表明，最有益人居的海拔高度是 1000～1500 米。在这一区间紫外线强度为 7～10，既有阳光的温暖，又没有烈日的炙烤，长期居住于此有利于加快人体新陈代谢，对人的睡眠、心肺功能、造血功能等多项生理指标都会显著改善，从而促进肌体健康。

第二，温度方面，科学研究表明，人体最适宜的温度为 18～24℃。攀枝花属南亚热带干热河谷气候，全年平均气温 20℃，年均日照 2700 小时，冬季温暖，夏季凉爽，素有"内陆三亚"的美誉，尤其适宜御寒避暑。

第三，湿度方面，科学研究表明，人体最适宜的湿度为 45%～65%，这一区间有益于人们调养身体、舒缓情绪、预防疾病，特别是对风湿病、关节炎、气管炎等常见疾病具有显著的自然疗效。攀枝花年均湿度 55%～65%，长年舒适干爽，夏季不会让人感觉闷热难耐，冬季不会让人感觉阴湿寒冷。

第四，洁净度方面，攀枝花森林覆盖率达 61.99%，空气质量优良率在99.2%左右，人均公园绿地面积12.1平方米，负氧离子每立方厘米含量超过10000个，是真正的天然空调和天然氧吧，适合呼吸系统病患者静养，湛蓝天空，清新空气，成就中国康养"天然洗肺场"。

第五，优产度方面，安宁河平原是四川第二大平原，四川的主要"粮仓"、第二大蔬菜基地和唯一的亚热带水果产业带，为生态康养产业发展提供了独一无二的物质基础。日照充足、雨量充沛，独特的气候条件造就了农产品早、稀、特、优的特点，一年四季盛产上百种鲜果，水果中富含活性蛋白、矿物素等天然营养成分。

第六，和谐度方面，攀枝花地处"藏彝文化走廊"腹地，金沙江流域中心，彝族、苗族、傈僳族等42个少数民族散杂居住，各民族包容共生、和谐相处、团结友善。彝族火把节、傈僳族约德节、大笮文化、颛顼文化以及各色民族村寨是历史悠久的本土文化的集中体现。攀枝花是因新中国"三线建设"诞生和发展起来的城市，是"三线建设"的成功典范和缩影，丰富的工业遗存是鲜活的文化旅游和国民教育素材。传统文化和"三线文化"共同造就了共存共荣、交相辉映的多元文化，形成了包容开放、海纳百川的现代攀枝花文化。

（3）打造国际阳光康养旅游目的地。2018年，四川省委十一届三次全会提出攀西经济区建设国际阳光康养旅游目的地的全新定位，攀枝花市委提出将攀枝花打造成国际阳光康养旅游目的地的示范引领区和产业融合、协调发展、效益明显的阳光生态经济走廊。攀枝花市先后编制了《攀枝花市建设全国阳光康养旅游目的地研究报告》《攀枝花市关于建设全国阳光康养旅游目的地的实施意见》《全国阳光康养旅游目的地指标体系》等文件，梳理阳光康养旅游资源特色，全方位构建康养旅游产品体系，积极创建"全国阳光康养旅游目的地"。

在成渝地区双城经济圈建设背景下，攀枝花提出加快打造国际阳光康养度假旅游目的地，协同建设成渝地区双城经济圈高品质生活宜居地的"后花园"，携手成渝滇黔协同加快建设攀西文旅经济带和阳光生态经济走廊，协同推进巴蜀文化旅游走廊建设和云南省世界一流"健康生活目的地"建设。到 2025 年，建成"国际阳光康养旅游目的地"和成渝地区双城经济圈阳光康养度假旅游"后花园"，成为中国阳光康养产业发展引领区。

3.3.3 依托湖泊资源构建康养产业竞争力

1. 发展思路

康养目的地以湖泊为核心资源，开展包括水上运动、亲水疗养、温泉理疗、湿地度假、养生养老等业态的康养发展模式。康养目的地可以以湖泊资源为特色，构建形成康养产业发展竞争力。

2. 典型案例：千岛湖推动旅游业向康养度假转型*

（1）发展概况。浙江省千岛湖推动景区与基础设施向康养度假转型，注重生态环境保护，围绕核心资源开发康养产品。

千岛湖位于浙江省淳安县境内，因湖中有岛屿 1078 个，故名千岛湖。千岛湖面积 573 平方千米，库容量 178 亿立方米，能见度达 7 米以上，属国家 I 类水体，被誉为"天下第一秀水"。

千岛湖旅游具有相对悠久的发展历史，其间经历了由观光旅游、休闲旅游、度假康养旅游等不同的旅游发展阶段，当下已发展为长三角地区成熟的康养度假目的地。在康养旅游方面，千岛湖敏锐地捕捉市场需求变化，推动旅游景点与基础设施向康养度假转型，突出自身山水资源优势，发展康养产品，注重生态环境保护，保障康养旅游基础，实现旅游业的可持续发展。

（2）发展特色。主要包括以下三个方面。

第一，捕捉市场动态，推动旅游业向康养度假转型。千岛湖紧邻长

---

* 根据人民网 2021 年 1 月 11 日《千岛湖成功从城市旅游向旅游城市转型》整理。

三角巨大市场，在发展过程中快速捕捉到市场需求的变化，从观光型旅游地向湖泊度假康养转变，景点与相关设施也以康养度假为导向逐步转型。2006年杭千高速开通，千岛湖融入杭州1.5小时城市圈，兴建了千岛湖开元度假村、天鹅山度假村、水上不夜城、秀水街和燕山度假酒店等大批度假设施。2010年千岛湖被评为5A级景区，拓展了婚纱摄影、登山探险、骑行、水上运动、湖畔露营、工农业旅游、商务会议、文渊狮城、森林氧吧等新的康养旅游产品，国际健康管理中心、温泉小镇、东部小镇、半岛小镇等项目也逐步签约建设，旅游产品逐步丰富，游客开始以度假康养为目的进行消费。

第二，突出资源优势，发展康养产品。千岛湖山水田园资源丰富，具有良好的康养资源基础。千岛湖围绕其森林资源建设"三园两岛一院"："三园"指东山尖森林运动公园，在环湖第一高峰建设登山健身道、溯溪道、森林茶舍、红豆杉基地、民宿酒店等；千岛湖龙涧温泉康养园，建设温泉养生谷、生活体验园、竹林步道、青钱柳基地、森林香谷等；神龙湾湖光休闲园，建设森林木屋、滨湖步道、康复训练等项目。"两岛"是根据森林康养环境需求，开发姥山岛、界首岛森林康养营地项目。"一院"是指南泥湾森林康养学院培养森林康养人才及标准课程营地。同时，千岛湖将康养产业融入周边乡村，通过绿道贯穿各个乡镇，发展环湖骑行、农业体验、登山徒步、水果采摘等康养业态，进一步丰富康养旅游产品，满足目标客群的需求。

第三，注重生态环境保护，保障康养旅游基础。千岛湖康养旅游的发展以其突出的山水资源为基础，长久以来千岛湖始终坚持走可持续发展道路，注重生态环境的保护，保障康养旅游的持久发展。淳安县先后出台了《关于进一步加强千岛湖生态环境保护工作的通知》等一系列规范性文件，推动千岛湖水环境的保护工作。在实践层面，为了保护水体，淳安县坚持水库统一管理之路，坚持走"保水生态渔业"之路，以保水、护水为前提发展生态渔业。坚持每年4月15日~7月15日在全县境内实行季节性休渔，保护千岛湖渔业资源。同时淳安县在水源保护区建生态公益林、实施封山育林、退耕还林、保护改善源头水质，全县共绿化造林120余万亩，实施退耕还林5.2万亩，划定生态公益林216.8万亩。

3.3.4 依托火山资源构建康养产业竞争力

1. 发展思路

康养目的地以火山地质形成的天然磁场环境、森林环境、火山泥或温泉资源为依托的康养发展模式，主要特色是发挥部分火山矿物质对人体健康提升作用，包括火山泥浴、温泉理疗、有机蔬果、天然矿泉、森林康养等业态。康养目的地可以依托火山资源构建形成独特的康养产业发展竞争能力。

2. 典型案例：黑河市五大连池*

（1）发展概况。五大连池位于中国黑龙江省黑河市境内，地处小兴安岭山地向松嫩平原的转换地带，1060平方千米的区域内，火山喷发的熔岩阻塞了远古河道，形成了5个溪水相连的串珠状火山堰塞湖，五大连池因此而得名。

五大连池充分挖掘自身自然环境优势，主打六大自然环境优势：天然冷矿泉水，纯净的天然氧吧，集保健、美容、医疗于一体的矿泉水饮疗、浴疗和泥疗综合疗法，天然火山熔岩台地—太阳热能理疗床，天然火山全磁环境，纯绿色健康食品。借助以上优势，五大连池打造了天池景区古火山游览路线、温泊景区的火山小九寨休闲游览路线、药泉山景区禅修之旅路线、药泉古镇温矿泉游览路线、五大连池风景区冷矿泉探索体验游览路线、灰鹤湿地景区古湿地探险游览路线、白龙湖景区火山堰塞湖游览路线、卧虎山景区火山野生动植物游览路线等各类不同风格的游

---

* 根据人民网2021年1月11日《五大连池资源及重点发展产业简介》整理。

览线路，满足不同游客群体的需求。

（2）发展特色。主要包括以下几个方面。

第一，天然冷泉。五大连池的天然矿泉与法国的维希矿泉和俄罗斯的纳尔赞矿泉并称为"世界三大冷矿泉"，含有多种人体必需的宏量和微量元素，既可作为医疗矿泉水，又是饮用矿泉水，已有百余年的医疗实践，具有强心、利尿、消炎、解痉、镇痛、镇静、助消化、改善新陈代谢等功能，对于消化系统和皮肤病有很大疗效，对风湿性疾病、心脑血管系统、神经系统等都有良好的疗效。围绕矿泉资源，五大连池打造了火山泥浴、温泉理疗、疗养院、温泉酒店等产品吸引游客消费。

第二，天然氧吧。五大连池特定的原始地貌使其成为世界上罕见的天然氧吧，白云、蓝天、清泉、湿地、茂密的森林，创造了一个 1060 平方千米的巨大空气浴场。在一般城市和地区，室外只能吸入 1 万 ~ 2 万 mg/m³ 负氧离子，林间只能吸入 10 万 ~ 20 万 mg/m³ 负氧离子；在五大连池室外可吸入 20 万 mg/m³ 负氧离子，在湿地和林间可吸入 30 万 mg/m³ 负氧离子。

第三，健康食品。五大连池是健康食品生产的净土，由于有得天独厚的火山灰自然复合肥，其氮、磷、钾的含量高于正常土壤的十几倍。生产了众多无公害食品如山野珍品、矿泉鱼、矿泉稻、矿泉畜产品、水果、蔬菜等，形成了世界上最清纯的健康食品园区。

第四，日光理疗。五大连池 64 平方千米的裸露熔岩台地可充分吸收太阳能，对人体有渗透治疗作用。位于南洗泉内的 5 万多平方米的热能理疗床可供疗养者在矿泉浴后躺在石龙熔岩台地的太阳能理疗床上进行日光浴，具有软化血管，增强血液循环，提高细胞增生能力，促进新陈代谢的作用。

第五，火山磁场。五大连池利用火山磁场来配合其他环境疗法治疗各种慢性疾病。五大连池火山全磁环境分为地下、地表和空间三部分：地下部分是由距地表 24 米带有强磁的黄铁矿和距地表 26 米的麦饭石形成强大磁场，而在二者之间流动的含有多种元素的矿泉水，使这个强大的地下磁场呈游离状态存在；地表部分是由于 1060 平方千米熔岩地貌，尤其是裸露在地表的 64 平方千米的含有磁铁矿和钛磁铁矿的熔岩台地形成强大的地表磁场，地表磁场在大面积湿地和五大连池自东向西流动的地表水的作用下，也呈游离状态存在；空间磁场是由于太阳光蒸腾作用，地下含有电荷和地表含有电荷的水蒸气在不同气流作用下，产生了不规则的空间磁场运动。这种地下、地表和空间磁场运动形成了五大连池特殊的具有治疗各种慢性疾病作用的火山全磁环境。

3.3.5 依托温泉资源构建康养产业竞争力

1. 发展思路

因大多数温泉本身具有保健和疗养功能，是传统康养旅游中最重要的资源。现代温泉康养已经从传统的温泉汤浴拓展到温泉度假、温泉养生，以及结合中医药、健康疗法等其他资源形成的温泉理疗等，康养目的地可以依托特色温泉资源，构建形成康养产业发展竞争力。

2. 典型案例：德国巴登巴登温泉康养小镇*

（1）发展概况。巴登巴登小镇位于德国巴登—符腾堡州、西南部的黑森林北部。德语里"巴登"是沐浴的意思，小镇之名就由温泉得来。罗马帝国时期发现温泉，因罗马皇帝卡拉卡拉曾来此治疗关节炎，从此声名远扬。16 世纪一度发展繁荣，拥有 12 个大众浴场和 389 座个体浴室，并开始发展配药及制药业。17 世纪因为战乱，巴登巴登几乎全城被大火烧尽。18 世纪末以后，巴登巴登开始闻名世界，兴建了豪华酒店、赌场、赛马俱乐部等，被誉为"欧洲的夏都"。

巴登巴登小镇凭借其世界知名的浴场和完备度假娱乐设施，构建以

---

* 根据知乎《德国巴登巴登 | 跨越 3 个世纪仍享誉全球的温泉疗养小镇》整理。

预防和保健为主、治疗为辅的康养体系；打造以度假、康养特色的文化休闲中心；构建旅游、康养综合型产品体系，成为世界温泉疗养的圣地。

（2）发展特色。主要包括以下几个方面。

第一，知名浴场建设。借助驰名世界的温泉，巴登巴登建设了大量知名浴场。其中，腓特烈大浴场是欧洲最美的浴场之一，具有罗马浴池遗址、男女混浴、传统的肥皂刷按摩泡澡三大特色，需要16种程序，花费3小时。卡拉卡拉浴场是欧洲最大的温泉浴场之一，曾是罗马的卡拉卡拉大帝御临的温泉治疗处。布莱娜公园大酒店是德国全西南顶级的温泉SPA，顶级的专业设备和水疗专家，量身定制的SPA疗程，贴身的专属服务，被SPA专业刊物评为世界上最好的3家SPA之一。

第二，完善度假设施。巴登巴登建有"休闲宫"（Kurhaus），建成于1824年，是德国规模最大最古老的赌场，著名的巴登巴登交响乐团常年在此演出，每年有60多万富豪从世界各地来豪赌，同时还有跑马场、高尔夫球场、世界一流的名牌商店等。除此之外，还建设了矿泉水大厅、温泉疗养博物馆、都市观光游览火车、热气球鸟瞰小镇与黑森林地带等旅游观光地。为匹配高端旅游人群的需求，巴登巴登在文化层面也具有欧洲第二大歌剧院、音乐厅、新城堡宫殿、勃拉姆斯故居、国立美术馆等众多文化设施，以此从多个领域丰富旅游产品，增加游客停留时间。

第三，构建以预防和保健为主、治疗为辅的康养体系。巴登巴登兼有悠久的历史文化和丰富的自然森林资源，在小镇中康养者可同时享受森林浴、温泉浴和心理调节。通过欣赏美景、品尝美食、聆听音乐、呼吸遍地芬芳等获得视觉、味觉、触觉、嗅觉、听觉五感的洗礼和放松。徜徉于这座历史积淀与现代创新共同孕育的小镇，陶冶于人文艺术与自然美景之中，运动与休憩动静结合，达到身心和谐。小镇同时配以众多的特色诊所，采用先进医疗技术，康养者可接受由内至外的全方位疗养服务。

第四，构建度假、康养特色的文化休闲中心。巴登巴登有完善的旅游度假服务设施，拥有国际赛马会、世界舞蹈晚会、国际会议展览。加上森林疗养的特色功能,使得巴登巴登成为精英和高端人士的休闲和度假中心、欧洲沙龙音乐的中心、欧洲的文化和会议中心。巴登巴登既是一个康养小镇,也是一个文旅小镇、度假小镇。

第五,构建旅游、康养综合型产品体系。针对不同年龄的人群打造具有针对性的休闲服务设施。为儿童提供水上乐园,为中青年提供从徒步到跳伞、各个级别强度的运动及休闲,为老人提供贴心医疗水疗服务及结合了美食和历史文化知识的慢节奏小镇游览。针对不同群体,为个人、双人和多人家庭提供多种选择的套餐,包括饮食、住宿、SPA 等项目。针对不同目的,为病人提供小镇疗养治愈,游客可免费申请游客卡,享受优惠待遇,为参加会展人士、商务人员设计娱乐休闲产品。

3.3.6 依托乡村资源构建康养产业竞争力

1. 发展思路

康养目的地以田园为生活空间,以农作、农事、农活为生活内容,以农业生产和农村经济发展为生活目标,回归自然、享受生命、修身养性、度假休闲、健康身体、治疗疾病、颐养天年的一种生活方式,业态如草药养生、四季花海养生,有机农业养生、林果休闲等,依托特色乡村资源构建形成具有独特田园特色的康养产业发展竞争力。

2. 典型案例:日本阿苏休闲农场*

(1)发展概况。日本阿苏农场立足于"共享农场"理念,利用本地资源发展温泉养生,细分客群需求,精准定位市场,开发特色产品。

日本阿苏农场位于火山脚下,熊本县九重国立公园内,占地 1 平方千米。每年吸引游客 500 万多人次,连续十年在日本旅游景区排在第 4

---

* 根据百度文库《日本阿苏农场分析》《田园、康养、休闲综合体成功案例分析报告》整理。

位。阿苏农场凭借其火山的属性，策划以游客需求为特色的住宿、娱乐、休闲等服务，重视环保规划以及生态产品的生产，依靠自然优势发展天然的温泉，细分不同人群的需求设计不同风格的疗愈系统。通过富有特色的馒头屋设计，抓住儿童女士游客养生休闲的消费心理，依靠本地食材开发特色产品。

（2）发展特色。主要包括以下几个方面。

第一，利用本地资源发展温泉养生。阿苏农场紧靠阿苏火山，拥有天然的温泉，设计者利用该资源，设计不同风格的疗愈系统，包括享誉海外的日式"风吕"和种类齐全的温泉理疗，在与自然亲近的同时身心得到最大纾解，理疗养生也是阿苏农场的主题和特色。"阿苏健康火山温泉"中有2000坪（1坪约为3.31平方米）的日本庭园式露天"风吕"，附有药汤"风吕"及蒸气"风吕"等各种日式"风吕"，能够使身心得到最舒适的解放。温泉SPA设施多达13种，如温热浴的"阿苏地球能量SPA"、女性专用的"泥浆SPA"、身体零负担的"陶板浴"等。

第二，细分不同人群需求。阿苏农场设计了日本最大的露天"风吕"——氧气馒头屋。"疗愈系馒头屋"中，有药草效果岩盘浴的"岩草浴馒头屋"、边欣赏星座边吸收高浓度纯氧的"氧气馒头屋"。"馒头屋"根据不同的消费者需求分为"乡村区""皇家区""私人区"。每个"馒头屋"都是一个独栋小别墅，屋内的设计是没有天花板的，墙壁与屋顶相融，给居住者新奇的感受之余，也赋予他们极大的安全感。其中，乡村区活用森林中的自然地形，是直径7公尺的联排馒头建筑，不同风格的客房共有300栋以上。皇家区馒头屋增添了私家围栏、精致小花园和露天温泉浴池，为游客提供更舒适的住宿空间，让游客在自然中滋养身心。私人区馒头屋则强调个性走向，"馒头屋"的内部构造也有许多种类，可供不同人数、不同要求的顾客进行选择，有不同类型的日式、欧式房间，提供新奇的住宿体验。

第三，精准定位女性儿童市场。阿苏休闲农场还设计了多种多样的活力运动设施与场馆，体验乐趣的同时，恢复生命的活力。元气森林是大人、孩子能共同体验的健康休闲空间，分布着很多别出心裁的装置，可以让人同时锻炼身体和头脑，变得更健康。阿苏元气体育馆让旅客就算雨天也能尽情运动。在"学习森林"，通过与大自然的接触，让小朋友体会大自然的神奇以及保护大自然的重要性。生产安心蔬菜的"阿苏健康农园"、使用最新栽培技术且杜绝农药的"野菜栽培工场"、提高免疫力的"香菇栽培工场"等，不仅生产了多种多样的高品质食材，还是阿苏农场里寓教于乐的农业设施和体验场所，各种各样农耕活动和亲子活动是农庄必不可少的因素。

第四，依靠本地食材开发特色产品。每个农场必不可少的就是吃，无论国内外大部分农场的餐饮都是自产食材，阿苏农场也不例外，阿苏温泉农场有十间餐厅，利用农场自产的品质食材，通过料理师的创意设计，做出一份份精致的料理，从拉面到铁板烧，种类丰富，此外，这里还有适合团体旅客的大型健康自助式餐厅，充分满足不同游客的需求。阿苏休闲农场中开办的特色"牛奶农场"是人气点心店，用阿苏牧场直送的新鲜牛奶制成布丁及起司、蛋挞、阿苏奶油夹心饼干等各种甜点，干酪店里还有 200 余种家庭手工制作及正宗欧洲进口的乳酪制品。

3.3.7　自然资源依托型竞争力培育路径总结

康养目的地以自然资源驱动的康养产业竞争力发展模式，其核心资源是森林、湖泊、火山、温泉、田园等各类自然资源，从以上案例来看，首先需要针对自身特色的自然资源进行保护，进一步提升资源品质，至少在区域内形成一定的竞争优势。同时需要采取各种方式对自然资源与康养产业结合的内涵进行挖掘，如五大连池，对火山泥、火山磁场、温泉、矿泉、森林等资源都一一进行了研究与阐释，并很好地将其与健康养生结合起来，使康养产品的打造有故事可讲，有依据可循，激发游客的消费心理。

由于自然资源康养地一般远离城市，完善的基础设施和服务设施也是提升康养客群体验舒适度的重要因素。而康养旅游产品的策划需要结合本地特色，如日本阿苏农场产的本地乳制品、特色馒头屋等，产品越独特越本地化对康养客群的吸引力也越强。同时，阿苏农场在进行业态设计时也考虑不同人群的不同需求，抓住重点人群，区分不同的消费倾向。而千岛湖的案例则初步阐明了观光旅游目的地向度假康养目的地转型的路径，除了基础设施与配套服务设施的完善外，还需要对旅游景点和产品进行更新提质，循序渐进地扩大影响力和竞争力。

3.4　文化植入融合型竞争力培育路径

3.4.1　依托中医药文化资源构建康养产业竞争力

1. 发展思路

康养目的地以传统中医、中草药和中医疗法为核心资源形成特色康养产业发展竞争力。主要业态包括中医养生馆、针灸推拿体验馆、中医药调理产品，相关修学、养生、体验旅游等。

2. 典型案例：安徽亳州聚焦中医药文化与康养融合发展 *

（1）发展概况。安徽亳州聚焦中医药文化，集聚产业优势、提升创新能力、完善服务体系、拓宽产业链条，建设体系健全的世界中医药之都。

亳州主打"天下道源、华佗故里"两大名片，构建中药农业、中药

---

　* 根据 2021 年 9 月 8 日安徽日报《融入"长三角"，亳州全力建设"世界中医药之都"》整理。

工业、中医药贸易、中医药健康服务、中医药文化旅游、中医药延伸产业六位一体的六大产业发展路径，以及科技创新、人才建设、行业标准、质量保障、信息化服务、交通物流、投融资七位一体的七大支撑服务体系。

（2）发展特色。主要包括以下几个方面。

第一，亳州集聚产业优势，放大规模效应。首先，通过建设规范化种植基地，带动粮农向药农转变。推进规范化种植基地、种子种苗组培繁育基地、"十大皖药"道地药材种植基地和中药材初加工基地等"四大基地"建设，引导农民流转土地、集约化种植中药材。其次，积极发展中医药生产，推动中药加工集聚发展。全市共有药品生产企业192家，产值亿元以上企业91家，全国医药百强企业有57家落户基地。同时，加快构建现代物流体系：以亳州中药材专业市场为主，亳州中药材商品交易中心、药通网、药博商城等线上线下深度融合、错位发展的现代流通体系。

第二，产品创新，加强重点攻关、提升创新能力。按照"人无我有、人有我优、人优我特"的原则，密集出台中药产业系列扶持优惠政策，持续做大中成药，做精中药饮片，做优植物提取，做专延伸产品，释放中药产业高质量发展核心动能。亳州市坚持把中药饮片作为特色优势，整合组建大型中药饮片生产集团，积极培育大品种，填补产业发展空白。

第三，优势转化，完善服务体系，构筑竞争优势。壮大公共服务平台，增强产业驱动力。亳州市以科技部"火炬计划"中药特色产业基地和国家中药现代化科技产业（安徽）建设基地为重点，持续加强公共服务平台建设，设立以中药产业为主的经济开发区、全国首个中药材技术性贸易措施研究评议基地、国家级中药材检测中心、中医药公共研发平台、中药科技创新平台等平台推动科研成果转化。

第四，产业拓展，拓宽产业链条，完善结构体系。做好跨界文章，推动产业融合发展。亳州市推进中医药与白酒深度融合发展，推出37度亳菊、壮酒、华佗神功、动力源等保健药酒。推动中医药与文化旅游及养生深度融合发展，持续推进亳药花海休闲观光大世界四期工程、中华中医药博览园、华佗百草园等重点文旅项目建设，建成林拥城和郑店子温泉旅游度假区两大生态康养旅游项目，推出"中华药都——养生体验之旅""探秘三国——中医药文化之旅""道源问道——中华传统文化研学之旅""田园如诗——中药花海休闲之旅"等经典中医药健康旅游线路，开发了养生、滋补、美容、调理四大类亳州药膳，形成了一批以"食养""药养""水养""体养""文养"为特色的中医药健康旅游品牌，亳州市获批首批国家中药健康旅游示范区。

第五，坚持医药并重，做强健康服务业。推进中医药"四名"工程，着力提升基层中医药服务能力。全市共有医养结合机构 17 家，其中 8 家设有中医诊室，所有公立中医医院均开展了慢性病管理、残疾人康复、工伤康复等服务。

第六，充分对接资本市场，积极发展金融新业态。亳州市帮助企业对接资本市场，现有药业类上市辅导备案企业 1 家，新三板挂牌 8 家，安徽省股权托管交易中心"现代中医药及健康产业亳州专板"挂牌 235 家。

3.4.2　依托宗教文化资源构建康养产业竞争力

1. 发展思路

康养目的地以道家养生文化、佛教文化等宗教传统文化中健康养生思想、养生元素为核心，延伸出新的康养发展模式与相关业态，如禅修堂、冥想养生、宗教相关操课、宗教饮食等多个方面，进而形成独特的康养产业发展竞争能力。

2. 典型案例：印度普纳——心灵静修之都 *

（1）印度普纳的功能定位是打造世界上最大的身心治疗和成长中心。

---

* 根据百度文库《心灵静修之都，印度普纳》整理。

普纳位于印度孟买东南 200 千米处的普纳（Pune）地区，1974 年，奥修的门徒建立了一个以奥修为核心的社区，后辗转迁移于 1987 年重建并拓展了功能，社区以"多元大学"为中心，包括了 11 个性质不同的学院。

（2）发展特色。主要包括以下几个方面。

第一，普纳的养生产业特色主要是静修项目，包括了短期体验的课程、长期居住研究的学习班、治疗或成长团体课程、因应西方宗教社会制约而特别为西方人开的课程、特别为儿童及青少年开辟的课程等。普纳一直保持是世界上最大的心灵成长中心，每月有成千上万来自世界各地的访客，拿到灵修课程的结业证书并经过一定的考核后可以成为社区的治疗师，并具有在全世界奥修静心中心开课和个案咨商的资格。

第二，普纳共建设有两大瑜伽学院。一是瑜伽大师创办的艾扬格瑜伽学院，重在严谨的瑜伽教学和身体治疗。二是著名的冥想中心"奥修国际静心村"，以社区的方式进行心灵修行，提供上百种冥想方法。配套建设了户外餐厅、咖啡厅、健身房和奥林匹克级的游泳池，静修社区周边建设了国际公寓，前来静修的旅客为城市带来了巨大的消费市场，带动了商业发展。

第三，普纳的特色经营。一是以印度瑜伽文化为基础，衍生各类哲学、静修、身体疗养以及社区交友等活动，形成特色度假旅游体验产品。二是借助大师品牌强化旅游吸引力，并以社区形式增强游客黏性。三是建设多元大学，提供个案治疗、课程研修与团体活动，并开发周边产品。四是增强体验的舒适性，配建的运动休闲设施免费，相关静修课程收费。五是以居住一月以上的客流为主，年客流量约 20 万，人均消费 600 ~ 2000 美元，年收入规模约 14 亿元人民币。

3. 典型案例：武当山道教太极文化与康养融合发展*

（1）发展概况。武当山，中国道教圣地，位于湖北省西北部十堰市

---

* 根据百度文库《道教与武当太极养生》整理。

与丹江口市，国家 5A 级旅游景区，占地面积 312 平方千米。武当山是世界文化遗产、中国著名的道教圣地、国家重点风景名胜区，拥有绚丽多姿的自然风景、规模宏大的古建筑群、源远流长的道教文化、博大精深的武当武术。其境内动植物资源达 3681 种，仅药用植物便有 2518 种之多，素有"天然药库"之称。武当山依托太极文化打造核心旅游区，深度开发文化康养产品，不断完善文旅康养基础设施建设。

（2）发展特色。主要包括以下几个方面。

第一，武当山坚持以全域旅游为主线，以项目建设为支撑，围绕"国际旅游胜地、东方康养名都、中华文化重镇"这个总体定位，不断完善文旅康养基础设施建设，依托太极文化打造核心旅游区，深度开发文化康养产品，努力把武当山建设成为文化旅游康养高地，打造成东方国际休闲养生旅游目的地。

第二，依托太极文化打造核心旅游区。武当山围绕太极文化打造武当山太极湖生态文化旅游区，该旅游区由太极湖新区和太极湖旅游区组成。太极湖新区重点发展旅游发展中心、武当国际武术交流中心、太极湖医院、太极湖学校和高档居住区等项目，提供康养发展的基础设施服务。太极湖旅游区包括旅游度假板块、水上游览板块和户外休闲板块，重点建设太极小镇、武当山功夫城、老子学院、山地运功公园等项目，促进以太极文化功夫文化为核心的康养业态的发展。

第三，深度开发文化康养产品。武当山文化以道家文化为核心，涉及道家太极武术文化、道教医药文化、道教建筑文化和道教音乐文化等。围绕道家文化，武当山开发了武术表演、武当养生功、修炼打坐、道家斋饭、道医问诊、周易预测、道家素酒等一系列康养相关产品。同时设计了武当武术鉴赏体验游、武当道教养生游、武当自然风光游、武当建筑古迹游等多种旅游线路，将武当道家文化深度融合到康养旅游产品中，打造武当康养品牌。

第四，完善文旅康养基础设施建设。太和医院武当山院区在满足广大居民急诊急救和综合医疗的同时，重点建设健康管理、女性肿瘤、抗衰老、慢病养生四大特色专科，提供康养产业的基础医疗服务。同时武当山还结合太极文化，建设真宫精品民宿、"飞越武当"、武当国际名酒庄、蓝城·桃李春风康养、八仙观养生谷、元和观养生度假区、大岳武当城改建等一批康养项目，力图使住宿、餐饮、娱乐等康养服务设施的建设均围绕道家文化主题。

3.4.3 依托长寿文化资源构建康养产业竞争力

1. 发展思路

康养目的地依托长寿文化，大力发展长寿经济，形成以食疗养生、山林养生、气候养生等为核心，以养生产品为辅助的集健康餐饮、休闲娱乐、养生度假等功能于一体的健康养生养老体系，进而形成以长寿文化为特色的康养产业发展竞争能力。

2. 典型案例：浙江兰巨乡以长寿文化为核心推动康养产业发展[*]

（1）发展概况。浙江省龙泉市兰巨乡位于龙泉市区西南面，凤阳山国家级自然保护区北麓，是龙泉山旅游景区的桥头堡。乡域面积155.7平方千米，人口17842人。在兰巨乡耄耋老人寻常见、百岁老人不稀奇，百岁老人最多时达8名，现有90岁以上83名，80岁以上458人，长寿老人的占比远高于浙江省平均水平。其中仙仁村更是远近闻名的长寿村，全村793人中，80岁以上28人，最高寿者已有109岁。浙江兰巨乡以长寿文化为核心，以农业产业为载体，赋予现代农业长寿内涵，通过农旅一体化推动康养产业发展。

（2）发展特色。主要包括以下几个方面。

第一，赋予现代农业长寿内涵。兰巨乡以长寿膳食为引子，发掘农

---

[*] 根据百度文库《长寿文化养生型康养小镇》《特色小镇案例分析康养小镇如何开发》整理。

业产品对长寿的促进作用，发展有机稻、茶叶、药食用菌、绿色蔬菜、水果采摘、生态养殖为主的农业基地（场）150 余个，培育农业龙头企业 14 家、特色家庭农场 56 家。兰巨乡通过赋予生态种植以长寿内涵，发挥本地种植业优势，现代农业发展欣欣向荣。

第二，农旅一体化发展助推长寿康养发展。在打响长寿品牌后，兰巨乡乡村旅游业发展迅速，从瓯江河畔的炉田村、凤阳山麓炉岙村、美丽宜居炉田、长寿仙仁、灵芝谷梅地、历史文化村落官埔垟等美丽村庄，全乡现有农家乐（民宿）58 家，床位 565 张、餐位 3900 个。兰巨省级现代农业园区相继建成超高"颜值"的骑行绿道、休闲中心、汽车露营基地等项目，2017 年成功创成丽水首家农旅融合 3A 级景区。兰巨乡进一步完善住宿、娱乐、运动等基础设施的建设，以长寿生活吸引游客居住停留，增加游玩时间和旅游消费，进一步促进长寿康养的发展。

3.4.4　依托民族文化资源构建康养产业竞争力

1. 发展思路

民族文化中蕴含着丰富的健康养生思想、理念和元素，民族文化作为康养产业的重要驱动力，为产业发展提供了源源不断的文化元素和创意灵感。中国的少数民族文化资源丰富多样，少数民族文化具有独特的民俗、艺术、饮食、医药等元素，与康养产业的有效结合将有助于提升产业附加值，进而促进康养目的地形成以独特的民族文化为核心的康养产业发展竞争能力，推动康养产业可持续发展。

民族文化对康养产业竞争力提升的作用主要体现在以下四个方面。

（1）提供独特的文化体验。少数民族文化具有独特的民俗、艺术、饮食等元素，可为康养产业提供丰富的文化体验。游客可以在康养过程中感受到独特的民族文化魅力，从而提升康养体验。

（2）增强品牌影响力。少数民族文化具有独特性，将其融入康养产业中可增强康养品牌的知名度和影响力。例如，引入少数民族医药疗养、餐饮、艺术表演等元素，可打造独具特色的康养品牌。

（3）促进地方经济发展。少数民族文化与康养产业的结合将吸引大量游客前来体验，从而带动地方经济的发展。地方经济的繁荣将有助于提高当地居民的生活水平，实现经济与社会的协调发展。

（4）传承与保护民族文化。将少数民族文化融入康养产业中，有助于民族文化的传承和保护。在康养过程中，游客可以了解和学习到少数民族的文化知识，从而提高对民族文化的认识和重视。

2. 典型案例：云南积极推动民族文化与康养产业融合发展 *

（1）发展概况。云南省以民族风情、民族医药、民俗文化为载体，通过文旅康养融合推进康养产业发展。云南省拥有丰富的少数民族文化资源，为康养产业发展提供了得天独厚的条件。近年来，云南省积极推动民族文化与康养产业的融合发展，取得了一系列显著成效。

（2）发展特色。主要包括以下几个方面。

第一，云南省在少数民族地区建立了多个康养基地，如傣族园、彝族风情园等。这些基地集休闲、养生、旅游于一体，充分融合了少数民族文化特色，为游客提供了丰富的康养体验。

第二，云南省还引入了少数民族医药疗养项目，如藏医药、苗医药等。这些医药项目结合了少数民族独特的医学理论和养生方法，为游客提供了独具特色的健康疗养服务。此外，云南省还通过举办各类民族文化活动吸引游客。例如，云南印象、傣族泼水节等大型活动为游客展示了云南各民族的独特风情和艺术表演，吸引了大量游客前来观赏和参与。

民族文化对康养产业发展具有重要的驱动作用。在云南省的案例中，少数民族文化与康养产业的结合不仅丰富了康养服务的内容和形式，还促进了地方经济发展和民族文化的传承与保护。在全球范围内，各国应

---

* 根据《云南省"十四五"打造"健康生活目的地"发展规划》整理。

充分挖掘本国独特的民族文化资源，将其融入康养产业中，以推动康养产业的可持续发展。同时，还应加强对民族文化的保护和传承，以确保民族文化的长久传承和独特价值的体现。

3.4.5　文化植入融合型竞争力培育路径总结

文化资源驱动的康养发展关键点在于如何将相对抽象的"文化"具体化为康养产业发展的载体。一方面可以通过中医药文化或宗教文化本身的载体进行发展，如中医推拿、针灸、药膳、宗教膳食、操课、生活习惯等；另一方面可以根据文化的内容进行相应的阐释，如长寿文化对饮食、生活环境的阐释，宗教文化对禅修冥想的阐释等，这种文化载体可以直接转化为康养的具体产品。

对于中医药康养而言，除了相应的康养旅游体验业态外，还需要纵向拓展中医药种植业和中医药制品的生产，横向丰富各个环节的外延，如中医药种植业可以与乡村旅游结合，中医药制品的生产可以与研发、标准制定、品牌认定相结合，中医药体验业态可以与下游酒店、民宿等服务设施相结合。

3.5　新兴业态驱动型竞争力培育路径

3.5.1　依托数字科技资源构建康养产业竞争力

1. 发展思路

借助大数据、云计算、人工智能等新兴技术驱动的新型康养业态，通过技术提升康养资源的流通率、康养信息的管理效率、康养人才的沟通与学习效率，通过涉及医药电商、辅助诊断、医院管理、健康管理、智能穿戴设备等多个领域的协同发展，进而促进康养目的地依托数字科技资源形成康养产业发展竞争能力。

2. 典型案例：华西数字医院着力打造智慧医疗服务系统 *

（1）发展概况。四川大学华西医院是西部地区疑难危急重症诊疗的国家级中心，也是著名的高等医学学府以及医学科学研究和技术创新的国家级基地，在"中国医院科技影响力排行榜"上连续 5 年排名全国第一。华西医院目前医疗区占地 500 余亩，业务用房 60 余万平方米，编制床位 4300 张，在职员工 10000 余人。华西医院最高日门急诊量达到 20000 余人次，同时还有上千名科研专家同步开展医学研究，如此庞大的业务体量需要可靠承载和敏捷创新为一体的数字化平台进行有效支撑，过去相对分散的 IT 架构已经无法很好适应临床诊治和科研工作的需求。在紫光股份旗下新华三集团的助力下，华西医院应用云计算、大数据、人工智能等前沿技术构建大数据和医疗云平台，为传统生产业务、临床医学、科研分析等业务系统提供强大的数字化支撑。华西数字医院搭建三方沟通架构统一管理平台与数据，注重数据存储与整理，应用 AI 辅助检测与诊断。

（2）发展特色。主要包括以下几个方面。

第一，搭建门户、平台与数据中心沟通架构。华西医院规划了由一个门户、N 个业务平台、N 个数据中心构成的"1 + N + N"架构，以功能全面的云平台、定制化的统一门户、统一的管理模式实现 IT 资源的灵活交付。在总体规划上，华西医院采取三步走战略：2019 年建设跨中心的医疗大数据平台，支持临床数据中心、科研数据中心业务，打造统一的服务入口；2020 年，基于已有的云平台架构先后布局医疗超算云平台和应用微服务平台，形成"同城三地四中心"的布局，为疾病预先治疗方

＊ 根据 2023 大健康 IT 高峰论坛四川大学华西第二医院信息管理部《智慧医院建设的思考与实践》报告整理。

案研究、基因组学等临床海量数据分析业务提供算力支撑；同时基于新华三 PaaS 平台实现部分应用的微服务改造，逐步解决集成平台面临的信息孤岛、点对点交付等问题。

第二，整合管理应用平台与数据。在医疗云平台的基础上，华西医院实现了云管理平台、医联体智慧管理指标分析平台、科研工作站、临床大数据搜索引擎等 9 套应用的整合，以统一门户平台对外提供支持，单点登录，统一授权。同时，用户信息的集中维护以及权限的统一管理，提升了华西医院云的数据安全性，子系统之间的横向交互避免了医护人员的重复操作，有效提升了工作效率，也为未来新业务系统的横向扩展打下了基础。

第三，注重基础数据的存储处理。华西医院的大数据平台形成了上万张医疗业务的模型表和汇总表，最大单表有千万条数据，高峰期有上百个计算任务同时运行。从数据标准、数据质量和数据安全三方面入手，打造了从底层资源到数据仓库，再到数据应用的全方位平台，在确保数据安全的基础上进行全面分析和处理。以华西医院常见的基因测序工作为例，一次全基因组检测将产生 200GB 的原始数据，完整测序更将至少产生 4TB 数据，并且数据压缩率极低。对此，新华三通过云平台的资源弹性伸缩能力，解决了峰谷效应造成的资源浪费，提升资源利用率，同时实现了基因数据分类存储，方便了数据的分析和处理。

第四，应用 AI 辅助检测与诊断。在人工智能驱动医学科研业务方面，华西医院将数据和 AI 平台无缝对接，帮助客户快速构建医学模型，以技术驱动业务创新，并实现了全面的可视化，降低了 AI 开发门槛。在具体的 AI 业务场景中，新华三助力科研人员快速完成 CT 影像自动检测模型的训练，让 AI 辅助医生完成高效诊断成为可能。

3. 典型案例：昆明体检健康管理平台提供便民康养服务 *

（1）发展概况。昆明体检健康管理平台是美年大健康产业有限公司

---

* 根据搜狐《互联网 +"体检健康管理平台"让健康触手可及》整理。

开发的服务产品，通过体检服务、医学美容、心理咨询、运动健身、健康保险、口腔健康等服务产品，提供便民康养服务，提升康养服务供给，提高供需双方的信息互通效率。

（2）发展特色。主要包括以下几个方面。

第一，提供便民康养服务。昆明"体检健康管理平台"推出"互联网＋体检"的服务模式，并已配套微信小程序"体检健康管理平台"服务平台，市民可以通过微信添加小程序"体检健康管理平台"进入平台获取信息和服务，内容包括健康评估问卷、体检时间预约、个性化体检套餐选择、体检报告查询与咨询、健康管理、健康教育，以及门诊专家挂号预约等便民服务。用户通过手机等移动电子设备，即可获取丰富的医疗信息和贴心的医疗服务，将体检流程轻松化繁为简。

第二，提升康养服务供给。"体检健康管理平台"开放入驻加盟端口，扩大平台康养服务的供给规模，便于市民到指定的医院进行体检。移动互联网正在改变患者的消费习惯，对于康养行业而言，智慧健康管理平台带来了企业发展向互联网市场转移的绝佳机会，转变移动营销策略、抢占手机移动市场的蓝海也是健康管理企业自身的需求。

第三，提升信息互通效率。"体检健康管理平台"微信小程序结合目前最为热门的移动互联网行业趋势，提供更多的行业资讯、产品信息、企业信息、商家会员等内容。"体检健康管理平台"微信小程序客户端凭借天然的精准性、位置化、长尾性、互动性以及高用户黏性，极大地节省了客户寻找体检健康医院的时间，真正实现手机广告的点对点传播。注册的商家可以在该平台上发布一些资讯、广告、服务，以便让更多的客户更为及时地获得自己想要的信息，医院也能够定期通过小程序咨询管理推送健康生活指南信息、医院动态信息。

4. 典型案例：阿里健康搭建医药电商平台，满足精细化用户需求*

（1）发展概况。阿里健康是阿里巴巴集团"健康与快乐"（Health

---

* 根据零壹财经《国内医药O2O先锋——阿里健康｜医疗科技案例》整理。

and Happiness，Double H）战略在大健康领域的旗舰平台，是阿里巴巴集团投资控股的公司之一。凭借阿里巴巴集团在电子商务、互联网金融、物流、大数据和云计算等领域的优势，阿里健康以用户为核心，全渠道推进医药电商及新零售业务，并为大健康行业提供线上线下一体化的全面解决方案，以期对现有社会医药健康资源实现跨区域的共享配置。同时在保障专业安全的基础上，大幅提高患者就医购药的便捷性，满足消费者对健康生活方式的追求。

（2）发展特色。主要包括以下几个方面。

第一，搭建医药电商平台。阿里健康整合药店、互联网医生以及医疗服务商家，搭建医药电商平台。构建中国医药 O2O 先锋联盟，以亿级流量、上游资源、区域独家、大数据共享、市场营销、卓越技术、品牌背书、医疗服务、健康管理为药店助力，推动药店实现商品升级、服务升级、理念升级三大升级，成为消费者社会化便利购物入口和社区健康服务体检入口。除药店外，医疗服务机构也能够通过网上申请加入联盟，利用平台优势发展健康服务与医疗服务，互联网医生可以申请加入阿里健康互联网医院，提供便捷问诊咨询服务。

第二，满足精细化用户需求。阿里健康通过阿里健康大药房、天猫医药馆为用户提供精细化的医药服务，提供家庭常备、中西药品、健康保健、医疗器械、母婴孕产、滋补养生等不同类型服务和产品。同时配备免费的一对一线上药师服务，用户可以进行用药咨询或营养咨询，辅助家庭购药用药。

第三，开展医药产品追溯。阿里健康通过平台打通品牌商、经销商和政府间的追溯沟通渠道，提供追溯验证、药品召回服务，用户使用码上稽查、阿里健康、淘宝、天猫等 APP 均可以进行药品追溯验证。阿里健康一方面以产品追溯码为媒介，帮助品牌商持续完善产品追溯体系，满足国家追溯制度的强制要求，实现来源可查、去向可追。另一方面协助经销商记录或标识其购进和销售的产品，准确掌握其产品购进来源和销售去向，满足国家和地方政府监管要求；通过开放的标准接口集，支持追溯码与企业内部业务流程无缝对接、高度融合，促进企业内部精细化管理。阿里健康还可为各级政府制定重要产品追溯体系规划提供专业咨询，协助建立产品追溯标准体系，提供基于大数据分析处理的辅助决策支持服务，帮助政府不断提高科学监管服务水平，提升产品质量安全与公共安全管理水平。

5. 典型案例：华为开发多样化智能健康设备*

（1）发展概况。华为作为新一代通信设备的领头制造商，以设备制造和技术支撑为核心拓展数字康养领域，在不同业务场景下提供硬件设备与软件配套、端侧和云侧的双向开放服务，主要涉及智能医院管理技术与设备、智能医疗设备、智能健康设备等。

（2）发展特色。主要包括以下几个方面。

第一，智能医院管理技术与设备。华为在智慧医院管理方面形成了"华为＋5G＋医院"的格局，在无线应用场景实验室 Xlabs 的探索过程中，在多个方向上有了进展。与华西医院共同建设了大数据集成与应用平台，与同仁医院构建安防保障体系，帮助中国人民解放军总医院、南京鼓楼等医院建设了高集成、易维护的数据中心。同时由于5G设备的推广与网络覆盖，远程会诊、远程手术都成为智慧医院管理的新热点，为不同医院间的医疗资源共享提供了便利。

第二，智能医疗设备。华为"全联接医疗"通过设备传感、大数据、云计算技术的深度融合打造健康档案区域医疗信息平台，利用物联网技术，实现患者与医务人员、医疗机构、医疗设备之间的互动，构建智慧化医疗服务体系，提供移动医疗解决方案、数字医院网络解决方案、中小医院解决方案。同时华为2019年新增销售医疗器械（第二类医疗器械）业务，布局5G应用加速医疗器械智能化发展，将可穿戴设备与保险服务相结合，提升用户的黏性，增加保险销售。

＊ 根据网易《用科技赋能数字转型，华为开启健康管理新征程》整理。

第三，智能健康设备。华为搭建了"华为运动健康平台"，并围绕该平台打造了一系列智慧健康设备，形成对用户的运动健康监测。用户可在平台接入华为智能手表、跑步机、智能手机、血压计等运动或健康监测设备实时监测健康状态和运动状态，准确分析睡眠结构和健康状况，并获得相应的健康建议。

第四，人工智能＋大健康。阿里健康搭建科研教学平台，全面应用人工智能技术。阿里凭借自身在大数据、人工智能等领域的优势，充分应用知识图谱、自然语言处理、机器学习、智能搜索等技术，借助人工智能进行临床诊疗的辅助决策与医学影像的智能诊断，搭建了临床医学科研辅助平台、医疗人工智能开放平台和临床医生能力训练平台。

第五，临床医学科研辅助平台。将双核矩阵赋能于临床科研数据中心，使用强大的搜索引擎技术为医生提供快速、准确、多种组合方式的智能病历搜索功能。通过数据仓库、数据挖掘等方法，用海量临床科研数据来评价治疗效果，发现诊疗规律，提炼最佳治疗路径，提高医疗科研的能力和水平。

第六，医疗人工智能开放平台。该平台由阿里健康联合医疗健康 AI 生态伙伴，基于医学人工智能及数据智能技术建设而成。平台提供医疗 AI 建模、训练及开放应用服务，针对医疗机构真实临床场景，提供智能肺、乳腺 X 射线、肿瘤靶区勾勒等多部位、多病种医学 AI 系统应用及糖尿病用药、宫颈癌筛查等 AI 辅助诊断决策系统应用平台。

第七，临床医生能力训练平台。阿里健康与浙江大学医学院附属第二医院合作开发了沉浸式医师培训系统，以求切实提升医师培训的质量与效率。新打造的医师培训系统将从过往脱敏病例中挖掘疾病的临床路径并自动构建虚拟病人，医师用户可在模拟场景中对虚拟病人进行诊疗，并从中获取医学知识，规范诊疗操作，提高临床思维。

3.5.2　依托运动产业资源构建康养产业竞争力

1. 发展思路

康养目的地以运动康复技术、运动设备或运动场地等为核心，整合产业资源、场地资源以及运动康复学等知识体系形成的针对未病、慢性病和病后疗养康复的医疗保健形式，同时也吸引相关运动旅游群体，努力依托运动产业资源构建形成康养产业发展竞争能力。

2. 典型案例：浙江宁海打造全域户外运动体验场向运动康养的转型*

（1）发展概况。宁海位于浙江省宁波市南部，县域总面积 1931 平方千米，常住人口 68.5 万人。宁海四面山海环抱，"七山一水二分田"的地形条件为户外运动提供了丰富的场所，也是发展户外用品产业的扎实背书。宁海登山杖生产份额占全国 80%，手电筒生产份额占全国 70%，2017 年户外产业 GDP 占比达 2.3%，是全国平均水平的 3 倍，2015 年被国家体育总局授予国家体育产业示范基地称号。在梳理自身资源，进行深度思考的基础上，宁海在户外产业发展中采取了以下三条策略：一是深度绑定产业，依托模具、五金、塑料等产业基础，实现传统制造的华丽变身；二是深度挖掘山水，将宁海打造成全域户外运动体验场；三是深度占有品牌，通过名人代言和赛事推广，塑造"宁海户外"品牌影响力，最终成为全国户外产业的标杆。

（2）发展特色。主要包括以下几个方面。

第一，深度绑定产业。首先，依托模具、五金、塑料等产业基础，实现传统制造的华丽变身。宁海户外用品制造的发展，是深度绑定本地

---

* 根据宁海县人民政府官网、搜狐《户外运动的天堂——宁海国家体育产业示范基地》整理。

模具、五金、塑料等优势产业，利用相同工艺拓展全新品类的过程。这种转型方式，不需要颠覆性的技术变革，也不需要巨额的资金投入，非常适合产业要素有限的中小城市学习借鉴。宁海依托模具优势，从传统日用品转型时尚户外用品。如灯具业"元老"长荣光电，开发了自带太阳能电板和USB接口的手电筒和野营灯，一举打开了"一带一路"上的新市场，其野营灯的产值占比已经高达40%，年产值中有85%来自户外用品。其次，品类拓展，从单一运动杖转向全系列户外用品。如尖峰旅游用品有限公司就将目光放到了新产品研发上，他们引进研发齐步走，相继推出了雪地靴、狩猎棒、冰爪、冰铲、野营椅、滑雪杆等一系列新产品，目前已占企业总产值的50%，扭转了原先单纯依靠登山杖的局面。再次，构建标准，抢占中国户外用品产业制高点。宁海首先从最强的登山杖领域切入，着手制定户外用品行业标准。从次，打造高等级质检中心，抢占户外用品检测高地。最后，举办高规格展会，提升宁海户外用品的品牌影响力。

第二，深度挖掘山水，将宁海打造成全域户外运动体验场。宁海充分挖掘自身丰富的山水资源——包括176千米海岸线，2.6万公顷滩涂，12万公顷山林，3.4万公顷耕地等，全力开发多元化户外运动项目，打造全域户外体验场。首先，串珠成链——登山步道串起全域户外大格局。宁海构建全域户外体验场的第一步，是打造国家登山健身步道。从2009年到2012年，宁海将徐霞客古道、官道遗迹和山民砍柴路进行了统筹规划，建成了全长500千米的全国第一个登山健身步道系统（NTS），串联起宁海17个街道乡镇、90%以上的行政村，将沿途的景点、村庄，山湖、遗迹等各种资源"串珠成链"，初步构建起覆盖宁海全域的户外运动空间格局，使宁海能以此为契机，在全县各地推动户外运动项目的开发建设。其次，全域体验——多元化户外运动项目遍地开花。依托国家登山健身步道所构建的空间格局，宁海开始利用自然资源开发不同类型的户外运动项目，构建水陆空"三位一体"的全域户外体验基地。胡陈乡制定了《中国美丽乡村旅游示范乡镇建设实施方案》，打造中国首个户外运动小镇；深甽镇依托南溪温泉和浙东第一尖开发温泉风情运动小镇和雪山欢乐谷；岔路镇利用浙东大峡谷建设葛洪养生小镇；越溪乡依山傍海，打造沧海桑田露营基地；黄坛镇围绕西溪水库修建华东最美山地自行车道；强蛟镇发挥海岛优势，引进赛艇体验项目。最后，服务升级——打造"体验不重样"的特色民宿集群。宁海民宿的发展策略是多元化、差异化，对全县民宿发展进行了统筹规划，划分"田园、温泉、古镇、滨海"四大民宿板块，并以整村为建制培育一村一集群。目前已形成双林、南岭、梅山等 15 个特色民宿集群，民宿总数 700 余家，年营收超 2 亿元，入住率更是高达 63%，远超全国 30% 的平均水平。

第三，深度占有品牌，通过名人代言和赛事推广，塑造"宁海户外"品牌影响力。宁海发展户外产业，除了用品制造和体验服务外，还打造了一块叫得响的产业品牌。首先，名人代言，面向大众扩大品牌影响力。中国最著名"驴友"徐霞客无疑是担任宁海户外产业代言人的第一选择。早在 1997 年，宁海学者童章回就考证出了徐霞客从宁海开游的确切日期——1613 年 5 月 19 日，并实地踏勘了从宁海西门到天台山华顶峰这段徐霞客古道的详细路径。随后，宁海开始致力于"5·19 中国旅游日"的申报工作。为了扩大宣传力度，宁海从 2002 年起每年举办徐霞客开游节，逐步塑造徐霞客开游地的品牌形象。2011 年，"5·19 中国旅游日"最终落地，宁海也如愿以偿地占有了这个中国最强的户外 IP。其次，赛事推广，牢固吸附专业户外人群。宣传宁海户外品牌，既要抓住数量庞大的"户外小白"，也要抓住人数较少的专业户外人群，他们将决定宁海在专业户外社群中的口碑和影响力。为此，宁海通过举办高规格、多样化的户外赛事，牢牢地吸附住户外运动发烧友。宁海最具影响力的户外赛事，是依托国家登山健身步道开展的"千里走宁海"，从每年重阳节开始的 7 个月内，宁海都会精心设计 7 条各具特色的路线，每月举办一站越野徒步大赛。在此基础上，宁海户外赛事开始向更高规格和更广舞台拓展。

宁海运动康养产业基于对产业本身的深刻理解，充分挖掘自身资源，从制造、体验、品牌三个层面全面占据整个产业过程。由于产业要素有限，很难在短时间内开拓一个全新的产业方向。与其在未知领域挣扎，不如发挥自身所长，选择那些工艺流程相似，但附加值更高，市场前景更好的细分领域，集中发力，深度占有，形成独特的产业竞争力，这样才有可能在强者如云的产业森林中争得一席之地。

3.5.3　新兴业态驱动型竞争力培育路径总结

新兴康养产业区别于传统的基于自然资源、医疗资源或文化资源的康养发展路径选择，仍然缺少清晰的界定和结构化的认知，因此能够借鉴的经验路径也并不明晰。新兴康养产业或是通过技术手段突破传统康养的时空约束，如数字康养产业；或是通过某种细分产业与康养的结合创造新的康养热点，如运动康养产业。

数字康养凭借大数据、人工智能、云计算等技术渗透到健康医疗的各个环节，需要一定的技术基础，在缺少本地技术和企业优势的情况下，可以参考华西医院和昆明健康管理平台的建设经验，以智慧医院、智能化的健康管理机构建设为切入点。一方面引入智慧医院平台服务企业对本地重点医院进行智慧化改造，同时通过互联网将本地药店业务拓展至线上，完善医药服务供给的智慧化；另一方面搭建统一的健康管理用户平台，将智慧康养的理念融入日常生活中，培育用户对于数字康养的需求。在供需两端都达到一定规模后，可引进华为、阿里等企业拓展本地化的智慧医疗设备生产与技术服务。

第4章 中国康养产业发展面临的主要障碍

近年来，中国康养产业虽然取得了阶段性成果，但进一步发展仍然存在诸多瓶颈和障碍。

4.1 发展康养产业仍存认识误区

康养产业是跨产业深度融合的产物，是为社会提供康养产品及服务的相关产业组成的集合。但是，目前在我国康养城市对于康养产业的发展还存在认识上的误区，主要集中表现在以下几个方面。

（1）将"老人"作为单一目标消费群体。康养市场非常宽泛，其消费者群体应该是全龄化的。全球被确诊患有各种疾病的人群占人群总数的20%，因此要从全人群和全生命周期的角度来发展康养产业，消费者群体应包含健康、亚健康和疾病人群。

（2）将"养老"作为康养产业的唯一主题。传统养老包含赡养、照顾、颐养。康养则是指通过健康养生等多种功能的实现，使人在身体、心灵、生活、社会适应等方面都处于一种良好的健康状态。因此不能狭隘地将康养产业与养老产业等同，康养产业应该是包含了养老产业在内的更宽广的业态形式。

（3）认为康养产业是医疗保健的延伸。康养产业不仅涉及医疗保健，还包括文化、旅游、体育、科技等多个领域，是一个多元化的产业。例如，康养产业与文化密切相关，不同的地域和民族有着不同的文化传统和特色，这为康养产业提供了更加丰富多彩的发展空间。

（4）将"土地"作为核心资产。很多开发商以康养度假名义开发度假地产，核心是售卖物业，这样的产品中土地是核心资源。而康养度假则应该包含医疗产品、娱乐产品、颐养教育产品、品质服务、品牌供应商等，核心是对康养度假产品全产业链的持续运营，通过高品质服务实现赢利和资产增值，而非传统的地产销售模式售卖物业实现收益。

（5）认为康养产业是富人的消费。有人认为康养产业是建立在较强的经济基础之上的，是富人的消费。事实上，康养产业应该面向大众，提供符合不同消费群体的服务和产品，包括高端豪华的度假区、中档舒适的疗养院、经济实惠的健身中心等。

总之，发展康养产业需要避免以上认识误区，需要在多个方面进行深入研究和探讨，以推动产业的健康有序发展。

4.2　康养产业统筹规划有待加强

当前，从国家各部委到地方一级政府各机构，在健康、养老和康养旅游等领域出台了系列相关政策文件，推动了康养产业的发展，但是各地区在如何发展康养产业方面均处于摸索阶段，国内康养市场的竞争异常激烈，在康养发展模式、康养产品甚至宣传口号等方面都具有极大的雷同和重复性，各地康养资源没有得到合理有效的利用。同时，各地区康养资源和行业管理分属不同的行政部门，存在多头管理现象，产业开发和运作仍以政府部门为主导，康养龙头企业的引领和带动作用发挥不够充分。

康养产业发展统筹规划不足的原因主要有以下几点。

（1）缺乏科学全面的规划理念。康养产业的发展不能仅仅局限于某一地区或某一方面的资源，而需要全面考虑市场需求、地区优势、资源条件、政策支持等因素，制订科学全面的规划方案。但是，当前一些地方在康养产业发展中缺乏全面的规划理念，导致资源分散、发展不均衡等问题。

（2）缺乏专业的规划人才。康养产业的发展需要具备专业知识和技能的人才支撑，如旅游规划师、健康管理师等。但是，当前康养产业领域存在着人才短缺的问题，许多从业人员的专业技能和知识水平不足以支撑产业的发展，导致规划方案缺乏科学性和可操作性。

（3）缺乏有效的协调机制。康养产业的发展需要政府各部门之间的协调配合，包括旅游、文化、卫生、国土、财政等多个部门。但是，当前一些地方存在着部门分割、资源分散的问题，缺乏有效的协调机制和合作模式，导致资源无法得到有效整合和利用。

（4）缺乏可持续发展的理念。康养产业的发展需要考虑可持续发展的理念，包括生态环保、文化传承、社会参与等多个方面。但是，当前一些地方在康养产业发展中缺乏这种可持续发展的理念，导致生态环境破坏、文化传承断裂等问题，这些问题也制约了康养产业的可持续发展。

4.3 康养产业要素保障急需强化

各地区发展康养产业涉及的政策、资金、交通、人才、土地等要素的保障普遍存在不足。

（1）康养政策配套。多数优惠政策缺少相应的配套实施机制，使得政策难以真正落实到位，产业的政策红利难以充分释放，市场活力难以得到足够的激发，产业的发展受到政策的较大制约。

（2）产业资金束缚。康养产业经营周期长，资金投入巨大、投资回报期长，如果没有配套的财政补贴等财政政策支持，康养企业很难实现盈利。社会资本投资康养项目建设方面的政策扶持力度不大，且落地困难，导致民间资本投资康养产业的积极性不高。

（3）康养人才供给。虽然我国康养人才体系已初具系统，但康养专业人才缺乏的问题始终存在，成为制约我国康养产业发展的一个关键性因素。一方面是专业人才数量严重不足，另一方面是康养产业各类从业人员整体素质不高。

（4）康养公共设施。大多数城市公共运动场所数量、医疗健康设施、旅游集散中心等公共服务设施规模有限，导致产业融合关系不够深入，健康理念尚未从根本上融入城市公共基础设施建设当中。例如，分析2019年康养城市50强康养医疗保障能力，康养医疗保障能力主要统计分析城市拥有的医院、每千常住人口医院床位数（按照医院床位数/年末常住人口数×1000计算）、每千常住人口执业（助理）医师数［按照（执业医师数＋执业助理医师数)/年末常住人口数×1000计算］、每万常住人口医院数（按照医院数/年末常住人口数×10000计算）。通过表4-1可以看出，即使是康养城市50强康养医疗设施、设备和专业技术人才保障能力差距也十分巨大，例如人均医院床位数第1名上海为10.1张，而第50名惠州只有3.351张。

表4-1　　　　2019年康养城市50强城市康养医疗保障能力

序号	城市	三甲医院数量/家	人均医院数/（家/万人）	人均医师数/（个/千人）	人均医院床位数/（张/千人）
1	深圳	19	0.107	2.8	3.525
2	海口	10	0.275	4.124	7.0398
3	三亚	4	0.489	4.269	7.264
4	贵阳	15	0.380	3.979	6.131
5	雅安	3	0.292	2.994	8.01
6	珠海	5	0.217	3.825	4.539
7	广州	57	0.176	3.835	5.952
8	攀枝花	5	0.286	3.7	7.3
9	重庆	36	0.271	2.63	5.48
10	黄山	1	0.222	2.46	4.8

序号	城市	三甲医院数量/家	人均医院数/(家/万人)	人均医师数/(个/千人)	人均医院床位数/(张/千人)
11	昆明	18	0.452	4.576	9.28
12	福州	19	0.169	3.21	4.39
13	成都	34	0.548	4.101	6.92
14	上海	43	0.159	5.3	10.1
15	长沙	15	0.276	3.847	8.8
16	北京	78	0.340	4.64	5.479
17	杭州	26	0.331	4.730	7.722
18	青岛	18	0.335	3.979	6.158
19	南宁	21	0.179	1.866	5.351
20	舟山	3	0.289	2.885	5.35
21	宜昌	7	0.464	3.504	6.5
22	漳州	1	0.172	2.42	5.028
23	泉州	4	0.145	2.035	4.500
24	无锡	7	0.155	4.614	9.824
25	威海	7	0.243	3.508	5.596
26	温州	7	0.158	3.24	5.47
27	常州	4	0.226	3.13	5.14
28	丽江	1	0.116	2.34	5.14
29	合肥	18	0.244	3.27	6.91
30	大连	8	0.334	3.8	6.1
31	厦门	13	0.147	3.545	4.088
32	遵义	3	0.065	2.777	7.847
33	东莞	8	0.354	2.8	3.7
34	苏州	8	0.206	3.302	5.637
35	安康	2	0.206	2.19	4.522
36	烟台	15	0.266	2.858	4.483
37	武汉	40	0.153	3.83	7.56
38	宁波	7	0.211	4.9	7.1

序号	城市	三甲医院数量/家	人均医院数/(家/万人)	人均医师数/(个/千人)	人均医院床位数/(张/千人)
39	湖州	4	0.262	3.045	6.174
40	中山	5	0.198	2.76	4.77
41	大理	1	0.291	2.339	4.865
42	衢州	1	0.406	3.360	5.829
43	张家界	1	0.194	2.720	4.321
44	大同	5	0.381	2.931	4.270
45	岳阳	3	0.198	2.493	4.123
46	普洱	2	0.234	1.883	4.56
47	惠州	5	0.160	2.867	3.351
48	咸宁	1	0.149	2.782	4.237
49	景德镇	5	0.161	3.766	4.766
50	六盘水	1	0.393	2.064	6.1

资料来源：根据2020年各市（州）国民经济和社会发展统计公报和医疗卫生事业"十三五"规划整理获得。

4.4　康养产业企业规模普遍偏小

当前，我国大部分康养产业企业为小微企业，主要从事康养服务及相关产品相关业务，且分布具有集聚性，主要集中于中部和沿海省份。康养产业企业数量排名前十的皆是人口大省，人口数量是决定康养市场规模的关键，或者说各区域其数量主要由当地人口所支撑。

分析康养产业企业规模普遍偏小的原因主要有以下几个方面。

（1）缺乏有效的产品供给。在康养产业中，一些细分市场如健康调理服务等，对基础设施等配置的要求相对较低，因此在这一领域内企业的规模效应并不明显。这就使得一些企业在尝试进入这些市场时，往往选择以个体经营的方式进行，从而使得整个产业的企业规模偏小。

（2）产业链整合程度低。康养产业尚未形成完整的产业链，缺乏高端特色项目的引领。例如在"康养＋旅游"领域，大多数企业仍以提供餐饮、住宿等劳动密集型服务为主，产业层次较低，服务内容单一，导致企业发展受限。

（3）缺乏产业龙头企业支撑。在康养产业中，缺乏具有引领作用的龙头企业，这使得整个产业的竞争力不强，也难以形成规模效益。

（4）交通条件制约。一些康养产业所在地的交通不便，如攀枝花市远离中心客源市场，游客出入的时间和经济成本较高，这些都给企业的运营带来了一定的困难。

（5）投资门槛高。康养产业中的一些高端项目，如康复医疗、养生养老等，需要大量的资金投入和专业的运营团队，这使得一些小企业难以进入这些领域。

（6）服务同质化严重。由于缺乏创新和差异化竞争，许多康养企业提供的服务产品同质化严重，导致市场分割严重，难以形成具有特色的龙头企业。

综上所述，康养产业企业规模普遍偏小的原因多种多样，既有产业结构、产业链完整度、交通状况等外部因素影响，也有企业自身的管理运营和市场定位等内部因素作用。因此，需要政府和企业共同努力，通过优化政策环境、加强产业链整合、培育龙头企业、提高服务品质等方式，推动康养产业的健康发展。

4.5　康养产品创新性有待提高

康养企业创新动力和创新能力不足，这主要表现在产品研发端的投入不足，导致企业无法在技术和产品上实现突破和创新。此外，企业在消费者认知度方面也存在不足，无法准确把握消费者的需求和期望，进而在产品创新上无法满足消费者的需求。同时，我国市场上现有的康养产品对象主要是针对老年人，但是由于目前生活和工作节奏越来越快，亚健康人群规模持续扩张，呈现出大众化趋势。但是，在康养产业发展过程中，并没有进行市场多元需求的细分，健康服务产品的类型大都雷同，特色健康旅游度假创新产品不足。

我国康养产业产品创新性不足的原因主要有以下几点。

（1）产业政策支撑偏弱。政府在康养产业的政策支持上，尤其是在产权保护、人才培养、税收优惠、营销渠道等方面力度不够，这使得企业缺乏足够的资源和条件进行产品创新。

（2）市场环境不够成熟。康养产业的市场环境尚未完全成熟，市场机制和体系还存在缺陷，这导致企业在产品创新过程中缺乏有效的市场反馈和支持，进而影响了产品的创新性。

（3）康养创新人才短缺。康养产业的发展需要具备专业技能和创新能力的创新人才。然而，目前市场上具备这些能力的人才相对较少，这也在一定程度上制约了康养产业的产品创新。

（4）技术门槛较高。康养产业涉及的领域广泛，包括医疗、康复、养老等多个领域，这些领域对技术的要求较高，也增加了产品创新的难度和成本。

第5章 康养产业竞争力评价模型

5.1 评价模型构建原则

对康养产业竞争力进行综合评价，是一项较为复杂的系统工程。康养产业竞争力涉及资源竞争力、市场竞争力、基础条件竞争力、环境竞争力等多个方面，每个方面都需要从质和量两方面来反映其支撑康养产业竞争力的可持续性、有效性、结构合理性和开放性。选取有信度效度的评价模型和科学合理的评价方法对丰富康养产业竞争力理论研究，保障康养产业竞争力评价结果的准确性和有效性都具有重要意义。

1. 客观性

区域康养产业竞争力评价的客观性包括数据的有效性和各指标权重确定的客观性。区域康养产业竞争力评价的前提是要有真实、客观、有效的数据，如果有不能获取的数据应该应用科学的统计学方法进行估计。同时，对区域康养产业竞争力评价的关键是确定各评价指标的权重，这需要在确定各评价指标的权重时尽量选取客观的方法，避免主观赋权法的随意性对评价结果的准确性造成影响。

2. 科学性

区域康养产业竞争力评价模型要求采用的评价方法包括计算公式是真实的、理论根据是明确的。采用的评价模型中的所用相关公式应该是公认的并且经过检验的，涉及的理论应该是经过验证无误的，只有科学有效的评价方法才能保障评价结果的准确性。评价方法还应该符合经济学领域中的相关理论和评价指标的特征，如一些理工科领域的评价方法不一定适合经济学领域的评价。

3. 可操作性

对区域康养产业竞争力的评价应该在具体分析数据的性质和深入理解经济高质量内涵的基础上选择合理、可行的评价模型。选取评价模型不应只追求方法的复杂性，要以各指标的特性为前提，同时要考虑各指标之间的差异程度和不同量纲及数量级对数据处理过程和评价结果的影响。

如前所述，区域康养产业竞争力评价指标体系选取时，一定要在关注一般产业竞争力指标的同时，也要关注区域、康养产业的特殊性指标，这些指标选取以推动康养产业和区域经济高质量发展需求为指导思想。

5.2　评价指标体系的构建方法

1. 国内产业竞争力有关研究

目前，有关区域产业竞争力评价模型和城市竞争力评价模型的研究已经相对成熟。因此，国内学者在构建康养产业竞争力评价体系时，往往借鉴产业竞争力、城市竞争力评价、森林旅游产业竞争力的有关研究，见表 5 - 1。

表 5-1   国内产业竞争力有关研究

学者	文章题目	一级指标	二级指标
宿倩 (2004)	城市旅游产业竞争力研究	环境因素、资源因素、核心因素	经济环境、自然环境、技术环境、社会文化环境、旅游资源、区位条件、旅游设施、生产要素、产业结构、产业管理、信息管理、企业经营能力
李振亭等 (2009)	基于旅游竞争力效度的中国省级旅游区旅游发展态研究	旅游竞争力、竞争力效度	旅游资源与产品条件、社会经济条件、区位条件、市场与环境条件和旅游业绩
王琪延和罗栋 (2009)	中国城市旅游竞争力评价体系构建及应用研究——基于我国293个地级以上城市的调查资料	旅游市场竞争力、旅游服务竞争力、旅游产品及资源竞争力、城市发展竞争力	旅游贡献力、旅游接待力、酒店竞争力、旅行社竞争力、旅游资源垄断力、旅游产品竞争力、旅游形象竞争力、交通承载力、经济竞争力、生态竞争力
王兆峰 (2009)	区域旅游产业竞争力评价指标体系的构建	旅游资源竞争力、旅游产业管理、旅游产业环境	旅游资源价值、旅游服务机构竞争力、旅游配套服务竞争力、旅游人力资源竞争力、旅游企业经营能力、产业管理能力、旅游市场占有能力、经济环境、社会文化环境、政府政策环境
禹新荣 (2010)	县域经济产业竞争力研究	资源因素、制度因素、战略因素、品牌因素、科技文化因素、政府因素、对外影响因素	
张海燕和王忠云 (2010)	基于产业融合的文化旅游业竞争力评价研究	文化产业、旅游产业和产业融合环境	文化资源、产业关联、人才与创新能力、公共文化消费、旅游资源赋存状况、旅游区位、旅游设施、旅游投入与形象、政策环境、社会经济文化环境和市场环境
代光举 (2012)	区域文化产业竞争力与发展研究	文化资源禀赋、产业集聚、政府行为	受过大专及以上教育的人口数占六岁及以上人口总数的百分比，文化产业从业人员占就业人员比重，国家自然风景区、世界文化遗产、历史文化名城数量占全国的比重，图书、报刊总印刷量，文化企业平均规模、文化企业数量、文化产业增加值占该地区比重，文化产业园区、文化产业示范基地的数量占全国的比重，文化企业资产报酬率，颁布和实施的文化产业政策法规，文化事业费占财政支出比重，公共教育经费占地方财政支出比重

续表

学者	文章题目	一级指标	二级指标
许贤棠等（2015）	中国省域旅游业的竞争力评价及空间格局	现实竞争力、潜在竞争力和环境竞争力	因子 52 个
魏敏等（2020）	高质量发展背景下中国省际旅游竞争力再测度——基于 PROMETHEE 方法	资源禀赋条件、服务配套设施、发展环境支撑、企业经营绩效、产业结构优化、综合功能发挥	基础禀赋、扩展禀赋、接待设施、交通设施、辅助设施、经济环境、生态环境、技术环境、景区绩效、旅行社绩效、星级饭店绩效、国际化程度、高计划水平、经济功能、社会功能
周玄德等（2020）	城市旅游竞争力模型构建及计量分析——以江苏省 13 市为例	基础、公共服务、通达性、环境、载体	市区 GDP、市区第三产业占 GDP 比重、市区社会消费品零售总额、市区固定资产投资、市区第三产业从业人口比重、市区高等学校在校学生数、市区公共图书馆图书藏量、市区公共厕所、市区出租汽车营运车数、市区年末实有公共汽（电）车营运车辆、市区年末实有道路长、市区人均拥有道路面、建成区绿化覆盖率、市区人均公园绿地面积、市区污水处理、一般工业固体废物综合利用率、国内旅游接待人数、国内旅游收入、旅行社数、星级饭店数
于翠凤（2022）	文旅产业竞争力评价、驱动因子及预测研究	基础竞争力、环境竞争力、潜在竞争力	文化旅游资源、基础设施、运输及通信、人力与知识资源、生态环境、市场需求量、创新与政府支持能力、产业效益及产业规模
中国社会科学评价研究院课题组（2022）	中国城市康养产业发展评价：基于 AMI 评价模型	康养产业吸引力（A）、康养产业管理力（M）、康养产业影响力（I）	城市声誉、自然环境、人文环境、口碑评价、康养产业要素、相关产业支撑、需求条件、产业战略定位及特色、政府治理、潜在机会、经济影响力、社会影响力、国际影响力

2. 森林康养旅游产业评价

国内学者对森林旅游产业的研究结果较丰富，但着眼点基本聚焦于资源禀赋的开发利用方面，见表 5 - 2。

表 5 - 2   森林康养旅游产业评价

学者	文章题目	一级指标	二级指标
潘洋刘等（2017）	森林康养基地建设适宜性评价指标体系研究	场地选择、发展规划、设施建设	基地选址、林分质量、森林物理环境质量、管理机制、经营机制、康养场地、康养产品、配套设施、交通条件
李济任和许东（2018）	森林康养旅游评价指标体系构建研究	康养旅游价值、环境价值和开发建设价值	康养旅游价值、资源附属、资源附加价值、康养环境质量、多样性、稳定性、区位特点、产品和服务
龚静等（2022）	攀西地区阳光康养核心竞争力的评价指标体系研究	气候、自然、服务维度	天气资源、空气资源、旅游市场资源、农林资源、基础设施资源、医疗资源
邹成成（2020）	绿色发展视域下中国森林旅游产业竞争力研究	生产要素、需求要素、支持产业及政府作用	天然资源、人力资源、资本资源、设施资源、区域发展、市场规模、产业结构、关联产业、政府支持、公共服务
张贝尔和黄晓霞（2020）	康养旅游产业适宜性评价指标体系构建及提升策略	硬件设施、服务能力标准、公共服务体系、服务项目、人才配置、特色服务体验	康养旅游服务网络建设情况、机构外部景观环境、康养旅游预防保健服务、康养旅游康复服务、健康管理服务、亚健康服务项目、远程医疗服务、康养旅游专业人才结构、人才培训及再教育、老年人及青年人服务、儿童特色服务
黄志晓（2021）	贵州森林康养旅游产业竞争力研究	社会文化、经济效益、目的地形象、目的地旅游环境	目的地风俗习惯的保存与开发、当地居民好客程度、当地文化的传播程度、外地文化吸收融合程度、当地居民休闲机会的多寡、旅游人次、游客平均逗留时间、游客人均消费、旅游季节性指数、旅游出口增长率、旅游外汇收入、国内旅游收入、目的地知名度、目的地美誉度、游客满意度、目的地主要旅游场所的吸引力、目的地区域旅游主题的影响力、目的地区域旅游特色、景区景点及休闲娱乐场所的开发程度、游客休闲娱乐时的可参与程度、空气质量平均指数、环保工作情况、公共设施建设、交通是否方便畅通

3. 整理文献得出的结论

对文献的整理可以发现以下几点。

（1）资源禀赋是产业竞争力的关键。多地的实证结果表明，资源因素所形成的比较优势对提高城市旅游产业竞争力的影响较大，与此同时，将相对静态的资源因素转换为现实产业优势的能力也具有相当大的正向影响力。西部地区较多的资源禀赋能够吸引更多的投资，带来更长期的经济收入，发展潜力可观。但要注意的是，资源禀赋只是产业发展的基础，要形成更强的产业竞争力则需要对资源禀赋进行创新性的产业开发，多产业融合、协同是西部地区康养产业形成竞争力的关键。

（2）政府参与（规则制定、市场治理）是不可或缺的部分。实证研究发现，中国各地区文旅、森林旅游、康养等产业的不均衡性非常突出，东部地区的产业竞争力和竞争力效度明显高于西部地区。这与东部地区政府较早介入产业规划、市场治理以及基础设施建设有关。所形成的产业集群具有更强的竞争力，其比较优势是西部地区短时间内无法赶上的。而且，由于更优的产业发展条件和基础设施，产业创新也往往发生于东部地区，带来更强的产业竞争力。

（3）产业在空间的集聚对竞争力形成作用明显。一方面，康养产业的空间溢出效应与竞争力是正相关关系；另一方面，由于现代交通比较发达，康养产业的空间范围可以涵盖更广的区域，可以链接更多的企业和资源，康养产业链的规模优势和范围优势通过空间得以扩展，并带来更大的外部需求和市场机遇，进而提高了康养产业集群的竞争力。

总体来看，有关产业竞争力评价的研究成果并不算多，研究模型和指标体系等也是仁者见仁、智者见智。但这些成果彰显了学术界践行发展国家战略的实际行动，对这一领域的学术研究进行了很有价值的探索；现有成果在研究对象上，有关于省域的，也有关于一省的市域的，但以全国所有市域为研究对象的成果还没有；从指标体系设计看，更多地体现了产业竞争力质量的内在要求，而彰显发展尚显不够。

因此，本书认为，产业竞争力应以满足人民日益增长的美好生活需要为根本，以新发展理念为指导，通过创新发展、协调发展、绿色发展、开放发展、共享发展，加快建成现代化经济体系，为实现"两个一百年"战略目标奠定坚实基础。其原则是质量第一、效益优先，注重质量、结构、效率的均衡和协调；其关键是构建推动发展的体制机制，提高资源要素配置效率，推动创新要素自由流动和聚集，使创新成为发展的强大动力。发展的经济社会质态，不仅体现在经济领域指标的支撑，而且体现在更广泛的社会、政治和文化等领域指标的支撑，发展质量目标呈现多元化。

4. 构建区域康养竞争力评价指标体系

以上研究为我们构建创新的康养竞争力评价体系提供了充足的理论基础。依据康养竞争力内涵，遵循基本原则，以创新、协调、绿色、开放、共享的五大发展理念为指导，并参考借鉴以往学者构建的区域康养竞争力评价体系，本书选取产业禀赋、政府治理、产品提供和社会影响4个维度，构建出由4个一级指标8个二级指标和26个三级指标组成的区域康养竞争力评价指标体系，见表5-3。

表5-3　　　　　　　区域康养产业竞争力指标体系

一级指标	二级指标	三级指标
产业禀赋	自然环境	森林覆盖面积占比
		避暑旅居时长占比
		暖冬旅居时长占比
	人文环境	非物质文化遗产个数
		65岁及以上老年人占比
		人均预期寿命
政府治理	政府治理	城市空气质量
		水质环境质量
		城市绿化面积
	政府支持	数字经济发展支撑占比
		政府是否具有康养产业规划，如有，数量多少
		人均住养型养老机构数

续表

一级指标	二级指标	三级指标
产品提供	制度能力	是否设有独立机场
		高铁站设置数
		康养企业占全部企业百分比
	旅游竞争力	产业生命周期的康养产业成熟度
		城市综合经济竞争力
		康养服务总规模
		医疗制造业总规模
社会影响	经济影响力	第三产业占地区 GDP 比重
		第一二三产业融合度
		康养产业增加值占 GDP 比重
	社会影响力	参加体育锻炼人数占比
		居民高健康素质占比
		居民达到《国民体质测定标准》合格标准比例
		消费者满意度

5.3　康养产业竞争力评价分析方法

目前，有关区域产业竞争力评价模型的研究已经相对成熟，但在采用不同的评价模型进行研究时得出的结论往往都存在一定的差异，由于运用单一的模型进行评价分析时，对决策的科学性与可靠性会有所限制，为了克服这一缺陷，本书将采用组合评价，参考波特的钻石模型，以区域产业竞争力模型为基础，同时修正模型拟选取产业机构转换能力、产业空间聚散能力、产业组织成长能力、环境因素四个维度来构建。

本书采用变异系数—主成分分析评价模型。首先分别应用变异系数法和主成分分析法客观确定评价体系中各基础指标的权重，其次取两种方法得出的权重的算数平均值作为各指标的最终权重，最后进行赋权加总求得各个区域康养产业竞争力总体指数和各维度指数并展开综合评价。

变异系数作为统计学中的一种统计量，通常被用于衡量数据之间的变异程度。变异系数法是一种客观赋权方法，是直接利用评价体系中各评价指标原始数据所包含的信息，通过简单计算求得各评价指标的相对权重。该方法的基本思想是：在评价体系的同一指标下，评价对象的取值差异程度越大，表明该指标越难以实现，重要性也就越大，则对该指标赋予较大的权重；反之，赋予较小的权重。

主成分分析法（PCA）是研究如何将多变量简化为较少综合变量的多元统计分析方法，对多维变量进行降维，降维后的变量是原变量的线性组合，并能反映原变量的绝大部分信息，使信息的损失最小，对原变量的综合解释力强，对区域康养产业竞争力测度的准确性有一定的改善。该方法通过特征向量的方差贡献率来表示变量的作用，可避免在系统分析中对权重的主观判断，使权重的分配更合理，尽可能地减少重叠信息的不良影响，克服变量之间的多重相关性，以使系统分析简化。

设 m 为评价对象总数，n 为评价指标总数，第 i（1，2，…，m）个评价对象的第 j（1，2，…，n）个评价指标的数值记为 x，则原始数据构成一个 m 行 n 列的矩阵 $X = (x_{ij})_{mn}$。

1. 变异系数赋权法步骤

（1）分别计算第 j 个评价指标的变异系数 V_j。

$$V_j = \frac{\partial_j}{x_i}, \ j = 1, \ 2, \ \cdots, \ n \qquad (5-1)$$

其中，$\bar{x}_i$ 和 ∂_j 分别为第 j 个评价指标的均值和标准差。

（2）计算第 j 个评价指标的权重 $\int_i$。

$$\int_i = \frac{V_i}{\sum\limits_{j=1}^{n} V_j}, \ j = 1, \ 2, \ \cdots, \ n \qquad (5-2)$$

2. 主成分分析赋权法步骤

（1）对原始数据规范化处理。本书采用极差标准化法消除数据的量纲，所得数据值为 0~1。数据处理公式为

$$A_{ij} = \frac{X_{ij} - \min(X_{ij})}{\max(X_{ij}) - \min(X_{ij})} \quad (X_{ij}\text{为正向指标时}) \qquad (5-3)$$

$$A_{ij} = \frac{\max(X_{ij}) - X_{ij}}{\max(X_{ij}) - \min(X_{ij})} \quad (X_{ij}\text{为负向指标时}) \qquad (5-4)$$

其中，X_{ij} 为原始数据，$\min(X_{ij})$ 为指标统计值的最小值，$\max(X_{ij})$ 为指标统计值的最大值，A_{ij} 为该指标标准化后的最终结果值。

（2）求出各指标的协方差矩阵 $\boldsymbol{R}_{n \times m}$。

（3）求协方差矩阵 $\boldsymbol{R}_{n \times m}$ 的特征根，对应的单位特征向量为

$$\boldsymbol{B} = (b_{1j}, b_{2j}, \cdots, b_{nj})\boldsymbol{T}, j = 1, 2, \cdots, n \qquad (5-5)$$

（4）计算前 k 个主成分的累积方差贡献率 $\alpha_{(k)}$：

$$\alpha_{(k)} = \frac{\sum\limits_{j=1}^{k} \lambda_j}{\sum\limits_{j=1}^{n} \lambda_j}, k = 1, 2, \cdots, n \qquad (5-6)$$

当前 k 个主成分累积方差贡献率 $\alpha_{(k)} \geqslant 80\%$ 时，说明前 k 个主成分包含了所有原始数据的大部分信息，可用前 k 个主成分代替所有原始数据，即确定 k 为提取主成分的个数。将前 k 个单位特征向量 $\boldsymbol{B}_j = (b_{1j}, b_{2j}, \cdots, b_{nj})\boldsymbol{T}(j = 1, 2, \cdots, k)$ 的所有分量取绝对值得到向量 $\boldsymbol{C}_j = (C_{1j}, C_{2j}, \cdots, C_{nj})\boldsymbol{T}(j = 1, 2, \cdots, k)$，以提取出来的各主成分的方差占提取出的 k 个主成分的累积方差的百分比为权重，对向量 $\boldsymbol{C}_j = (C_{1j}, C_{2j}, \cdots, C_{nj})\boldsymbol{T}(j = 1, 2, \cdots, k)$ 赋权加总得到向量 $\boldsymbol{u} = (h_1, h_2, \cdots, h_n)\boldsymbol{T}$，再将向量 $\boldsymbol{u}$ 的所有分量归一化得到各评价指标的权重：

$$\delta_j = \frac{h_j}{\sum\limits_{j=1}^{n} h_j}, j = 1, 2, \cdots, n \qquad (5-7)$$

（5）基于变异系数法和主成分分析法得出的各评价指标权重，取两

者的算术平均值作为各评价指标的最终权重：

$$\varpi_j = \frac{\varepsilon_j + \delta_j}{2}, \ j = 1, \ 2, \ \cdots, \ n \tag{5-8}$$

（6）基于求出的各评价指标的权重ϖ_j，对规范化处理后的数据y_{ij}进行线性加权求出各评价对象（市域）经济高质量发展评价值：

$$F_i = \sum_{j=1}^{n} \varpi_j y_{ij}, \ i = 1, \ 2, \ \cdots, \ m \tag{5-9}$$

3. 以熵值法确定各级指标权重步骤

在信息论中，熵是对不确定性的一种度量。信息量越大，不确定性就越小，熵也就越小；通过计算熵值来判断一个方案的随机性及无序程度，用熵值来判断某个指标的离散程度，指标的离散程度越大，对综合评价的影响越大。根据各项指标的变异程度，利用信息熵计算出各个指标的权重，为多指标综合评价提供依据。

采用熵值法计算高质量发展指数指标体系具体指标权重包括以下步骤。

（1）对某市高质量发展充分研究的基础上，建立原始数据矩阵。

$$\boldsymbol{A} = \begin{pmatrix} X_{11} & \cdots & X_{1n} \\ \vdots & X_{ij} & \vdots \\ X_{m1} & \cdots & X_{mn} \end{pmatrix} \tag{5-10}$$

其中，X_{ij}为第i个市第j项指标的数值。

（2）计算第j项指标下第i个市占据该指标的比重。

$$P_{ij} = \frac{X_{ij}}{\sum\limits_{i=1}^{n} X_{ij}}, \ j = 1, \ 2, \ \cdots, \ n \tag{5-11}$$

（3）计算第j项指标的熵值。

$$L_j = -k \times \sum_{i=1}^{n} P_{ij} \ln P_{ij} \tag{5-12}$$

其中，$k > 0$，$\ln$ 为自然对数，$L_j \geq 0$。常数k与样本数m有关，一般令

$k = \dfrac{1}{\ln m}$，则 $0 \leqslant L \leqslant 1$。

（4）计算第 j 项指标的差异系数，对于第 j 项指标，指标值 X_{ij} 的差异越大，对方案评价的作用越大，熵值就越小。差异系数 $H_j = 1 - L_i$，H_j 越大指标就越重要。

（5）求权重。

$$W_j = \dfrac{H_j}{\displaystyle\sum_{j=1}^{n} H_j} \tag{5-13}$$

其中，W_j 为第 j 项指标的权重系数，$j = 1，2，\cdots，n$。

4. 以层次分析法（AHP）确定各级指标权重步骤

围绕高质量发展综合评价问题，采用 AHP 对高质量发展指数指标体系各级指标权重利用式（5-14）进行计算，对计算出来的结果进行统计处理，最终得出高质量发展指数指标体系各级指标权重。

$$P_i = \sum_{j=1}^{n} P_{ij} X_j，i = 1，2，\cdots，m \tag{5-14}$$

第6章 中国部分地区康养产业竞争力评价实证

6.1 评价区域选择依据

中国康养资源丰富，涉及类型多样，尤其是具有中国特色的适宜康养产业发展的城市数量较多，为了促进城市的康养产业良性发展，借鉴《中国康养产业发展报告（2021）》的康养城市20强，选择了四川攀枝花市、四川雅安市、四川广元市、吉林通化市、贵州遵义市、贵州六盘水市、海南三亚市、海南海口市、浙江丽水市、山东烟台市、河北秦皇岛市、河北张家口市、江西宜春市、广西桂林市、广西贺州市、福建三明市、山西大同市、广东珠海市、云南普洱市、云南昆明市二十个城市作为分析案例，通过其2022年数据进行分析。

1. 四川攀枝花市

攀枝花市（以下简称川D）位于四川省最南端，地理坐标在北纬26°05′～27°21′，东经101°08′～102°15′，中国西南川滇结合部，西连丽江市、大理市，地处攀西裂谷中南段，属浸蚀、剥蚀中山丘陵、山原峡谷地貌。全市总面积7414平方千米。攀枝花市常住人口106.91万人，其中，城镇人口84.88万人，常住人口城镇化率69.92%。攀枝花市属南亚热带—北温带的多种气候类型，被称为"南亚热带为基带的立体气候"，具有夏季长，四季不分明，而旱、雨季分明，昼夜温差大，气候干燥，降雨量集中，日照长，太阳辐射强，蒸发量大，小气候复杂多样等特点，年平均气温为 20℃。康养产业优势主要有搭建融合农业、工业、医疗、运动和旅游等多产业的康养旅游目的地发展平台，推进"康养+"产业融合发展，打造中国阳光康养旅游城市和阳光康养度假目的地。2021 年入选"中国康养旅游城市百强榜单"。

2. 四川雅安市

雅安市（以下简称川 T）位于四川盆地西部边缘，地理坐标在北纬 28°51′10″~30°56′40″，东经 101°56′26″~103°23′28″，东北边与成都市相邻，东靠眉山市，东南边接乐山市，南接凉山彝族自治州，西接甘孜藏族自治州，北壤阿坝藏族羌族自治州。全市幅员轮廓呈长条形，南北最大纵距约 220 千米，东西最大横距约 70 千米。全市幅员面积 15046 平方千米。雅安市常住人口 265.27 万人，其中，城镇人口 143.3 万人，常住人口城镇化率 54.02%。雅安市气候类型为亚热带季风性湿润气候，大部在低纬地带。地貌虽以山地为主，但大部海拔在 1500 米以下，相对高度多在 1000 米以内，因而垂直变化差异不大。降雨多，多数县降雨 1000~1800 毫米，有"雨城""天漏"之称。雅安森林分布广阔，蜂桶寨为中国自然保护区，全市森林覆盖率达 50.79%。康养产业优势主要有推进打造环境康养、药材康养、医疗康养、温泉康养、运动康养、旅居康养"六养"特色产业发展，打造成西蜀生态康养目的地。2018 年被评为中国优秀旅游城市，《2019 中国生态环境状况公报》综合指数全国排名第 11 位。

3. 四川广元市

广元市（以下简称川 H）位于四川省北部，地理坐标在北纬 31°31′~32°56′，东经 104°36′~106°45′，北与甘肃省武都区、文县以及陕西省宁强县、南郑区交界，南与南充市的南部县、阆中市为邻，西与绵阳市的平武县、江油市、梓潼县相连，东与巴中市的南江县、巴州区接壤。全市总面积 16319 平方千米。广元市常住人口 227.1 万人，其中，城镇人口 110.26 万人，常住人口城镇化率 48.55%。广元市属于亚热带湿润季风气候，地处秦岭南麓，是南北的过渡带，既有南方的湿润气候特征，又有北方天高云淡、艳阳高照的特点。南部低山，冬冷夏热；北部中山区冬寒夏凉，秋季降温迅速。年平均气温 16.1℃，7 月气温 26.1℃，1 月气温 4.9℃。康养产业优势主要有加快建设中国生态康养旅游名市，打造绿色生态康养全产业链，建设以"旅居康养、智慧园区、健康托管"三大主题于一体的康养产业示范园区。2018 年被评为国家森林城市和中国优秀旅游城市，2021 年被评为国家卫生城市和四川省首批生态产品价值实现机制试点区，2022 年被评为"中国文学之乡"。

4. 吉林通化市

通化市（以下简称吉 E）位于吉林省东南部，地理坐标在北纬 40°52′~43°03′，东经 125°10′~126°44′，东接白山市，西邻辽宁省的抚顺市、本溪市、丹东市，北连辽源市、吉林市，南与朝鲜民主主义人民共和国隔江相望。南北长 228 千米，东西宽 108 千米，总面积 15195 平方千米。通化市常住人口 151.68 万人，其中，城镇人口 70.99 万人，常住人口城镇化率 46.8%。通化市属中温带湿润气候区，年平均气温 5.5℃，1 月平均气温最低，常年平均在零下 14℃左右，极端最低气温达 -33℃；7 月平均气温最高，在 22℃左右，极端最高气温 36℃。康养产业优势主要有人文资源、自然资源丰富，健康医养、生态游养、食疗药养等多业态融合发展，展现出强大的发展势头和潜力，形成一个健康、完整的产业结构。2018 年被评为中国十佳食品安全城市和中国十佳宜游城市，2019 年被评为第三批国家生态文明建设示范城市。

5. 贵州遵义市

遵义市（以下简称贵 C）位于贵州省北部，云贵高原东北部，地理坐标在北纬 27°8′~29°12′，东经 105°36′~108°13′，北面与重庆市接壤，南面与贵阳市接壤，东面与铜仁市和黔东南苗族侗族自治州相邻，东南面与黔南苗族布依族自治州相邻，西南面和毕节市相邻，西面与四川省交界。东西绵延 254 千米，南北相距 230.5 千米。中心城区南到省会贵阳市 140 千米、北达重庆市 239 千米，总面积 30762 平方千米。遵义市常住人口 826.36 万人，其中，城镇人口 375.11 万人，常住人口城镇化率 45.39%。遵义市地处贵州省北部，属于中亚热带高原湿润季风区，一年四季分明，雨热同季，无霜期长，约 250~350 天，多云寡照，全年平均气温 15.1℃。康养产业优势主要有加快黔川渝结合部医疗康养中心建设，打造医疗康养中心、医疗休养小镇、康养示范中心，推进医养游融合发展，打造"醉美遵义·康养福地"。2020 年第一批国家文化和旅游消费试点城市和中国康养城市排行榜 50 强第 32 位，获得中国红色旅游城市、中国优秀旅游城市、国家森林城市、国家绿化模范城市、首批中国历史文化名城等荣誉称号。

6. 贵州六盘水市

六盘水市（以下简称贵 B）位于贵州省西部、云贵高原一二级台地斜坡上，地理坐标在北纬 25°19′44″~26°55′33″，东经 104°18′20″~105°42′50″，处于滇、黔两省，与昆明、成都、重庆、贵阳、南宁五个省会城市的距离约为 300~500 千米。全市面积 9914 平方千米。六盘水市常住人口 361.28 万人，其中，城镇人口 143.9 万人，常住人口城镇化率 39.83%。六盘水市境属亚热带季风湿润气候区，受低纬度高海拔的影响，冬暖夏凉，气候宜人。年均温 15℃，1 月均温 3~6.3℃，7 月均温 19.8~22℃，有"中国凉都"之称号。康养产业优势主要有在"凉都"品牌基础上瞄准"康体养生"市场，充分发挥资源和生态优势，将候鸟式养老、护理式养老、休假式养老、旅游式养老融入新型养老体制中，打造中国夏季康养最佳目的地。被评为中国低碳城市、中国十大社会管理创新城市、中国健康城市、全国十佳绿色环保标志城市、2021 国家卫生城市、国家森林城市等。

7. 海南三亚市

三亚市（以下简称琼 B）位于海南岛最南端，地理坐标在北纬 18°09′34″～18°37′27″，东经 108°56′30″～109°48′28″，东邻陵水县，北依保亭县，西毗乐东县，南临南海。三亚北靠高山，南临大海，地势自北向南逐渐倾斜，形成一个狭长状的多角形。境内海岸线长 258.65 千米，有大小港湾 19 个。三亚拥有 200 万平方千米的南海，自己的海岸线长度是 209 千米，管辖的海域面积 5000 平方千米，总土地面积是 1919.6 平方千米。三亚市常住人口为 106.6 万人，其中，城镇人口 76.52 万人，常住人口城镇化率 71.79%。三亚地处低纬度，属热带海洋性季风气候区，年平均气温 25.7℃，气温最高月为 6 月，平均 28.7℃；气温最低月为 1 月，平均 21.4℃。全年日照时间 2534 小时。年平均降水量 1347.5mm。素有"天然温室"之称。康养产业优势主要依托滨海环境和区位优势，撬动千亿级资本市场，成为医养结合型康养产业发展典范，带动高端养老健康服务项目发展。被评为中国十佳宜居城市、中国最具幸福感城市。

8. 海南海口市

海口市（以下简称琼 A）位于海南岛北部，地理坐标在北纬 19°32′～20°05′，东经 110°10′～110°41′，东邻文昌，西接澄迈，南毗定安，北濒琼州海峡，是海南省政治、经济、科技、文化中心和最大的交通枢纽。全市总面积 2304.84 平方千米。海口市常住人口为 293.97 万人。其中，城镇人口 243.21 万人，常住人口城镇化率 82.73%。海口市地处低纬度热带北缘，属于热带海洋性季风气候。这里春季温暖少雨多旱，夏季高温多雨，秋季多台风暴雨，冬季不冷但寒气流侵袭时有阵寒。年平均气温 24.2℃，最高平均气温 28℃左右，最低平均气温 18℃左右。极端气温为最高 39.6℃，最低 2.8℃。康养产业优势主要有利用自贸港的建设优势，不断优化康养环境与设施条件，发展康养旅居产业并开发多种形式的康养旅居产品，打造成为"全球康养旅居之都"。获得国家历史文化名城、全国创建文明城市工作先进市、全国城市环境综合整治优秀城市、全国旅游标准化示范城市、中国魅力城市 200 强等荣誉称号。

9. 浙江丽水市

丽水市（以下简称浙 K）地处浙江省西南浙闽两省结合部，地理坐标在北纬 27°25′~28°57′，东经 118°41′~120°26′。丽水市以中山、丘陵地貌为主，地势由西南向东北倾斜，西南部以中山为主，有低山、丘陵和山间谷地，东北部以低山为主，间有中山及河谷盆地。全市总面积 17298 平方千米。丽水市常住人口为 251.5 万人。其中，城镇人口 93.40 万人，常住人口城镇化率 63.5%。丽水市属于中亚热带季风气候区，气候温和，冬暖春早，无霜期长，雨量丰沛。年平均气温为 17.8℃，1 月平均气温为 6.7℃，7 月平均气温 28.3℃。极端最高气温 43.2℃，极端最低气温 −10.7℃。康养产业优势主要有发布全国首个"康养 600"小镇发展规划，围绕"气食药水体文"六养开展，打造集基础设施、康养设施、康养产业等于一体的立体康养发展平台。获得国家历史文化名城、全国创建文明城市工作先进市、全国城市环境综合整治优秀城市、中国魅力城市 200 强、国家园林城市等荣誉称号。

10. 山东烟台市

烟台市（以下简称鲁 F）位于山东半岛东北部，地理坐标在北纬 36°16′~38°23′，东经 119°34′~121°57′，东连威海，西接潍坊、青岛，南邻黄海，北濒渤海，与辽东半岛对峙，与大连隔海相望。烟台地形是低山丘陵区，山丘起伏和缓，沟壑纵横交错。全市总面积 13745.95 平方千米。烟台市常住人口为 710.21 万人。其中，城镇人口 478.02 万人，常住人口城镇化率 67.31%。烟台市属于温带季风气候，冬季空气更加温润。平均每年 29 天的冷流降雪日，为"雪窝子"。全年平均气温 12℃左右，是旅游避暑和休闲度假胜地。康养产业优势主要有突出仙境海岸、海洋药物优势，加快建设国际生物科技园，打造国际生创新区和养生养老胜地。获得全国文明城市、全国社会管理综合治理优秀城市、全国文化先进单位、中国投资环境金牌城市、中国最美丽城市、联合国人居奖、国家园林城市、中国最具生态竞争力城市等荣誉称号。

11. 河北秦皇岛市

秦皇岛市（以下简称冀C）位于东北地区、冀东北部，地理坐标在北纬39°24′～40°37′，东经118°33′～119°51′。秦皇岛市位于燕山山脉东段丘陵地区与山前平原地带，地势北高南低，形成北部山区—低山丘陵区—山间盆地区—冲积平原区—沿海区。全市总面积为7812.4平方千米。秦皇岛市常住人口为313.43万人，其中，城镇人口203.57万人，常住人口城镇化率64.95%。秦皇岛市地处半湿润区，属于温带大陆性季风气候。因受海洋影响较大，气候比较温和，春季少雨干燥，夏季温热无酷暑，秋季凉爽多晴天，冬季漫长严寒。辖区内地势多变，但气候影响不大。2013年最低气温 -18℃，最高气温35℃。2016年最低气温达到 -24℃。康养产业优势主要有国内首个国家级生命健康产业创新示范区，构建"医药养健游"五位一体康养产业格局。秦皇岛是低碳试点城市、国家园林城市、中国优秀旅游城市、中国综合交通枢纽城市、第一批国家智慧城市试点、2012中国特色魅力城市、全国双拥模范城市、十大最佳休闲城市之一、全国十佳生态文明城市、全国十佳绿色生态旅游城市、全国首批无障碍设施建设示范创建城市、中国最具幸福感城市。

12. 河北张家口市

张家口市（以下简称冀G）位于河北省西北部，地理坐标在北纬39°30′～42°10′，东经113°50′～116°30′，东靠河北省承德市，东南毗连北京市，南邻河北省保定市，西及西南与山西省接壤，北及西北与内蒙古自治区交界。全市地势西北高、东南低，阴山山脉横贯中部，将全市划分为坝上、坝下两大部分。境内洋河、桑干河横贯全市东西，汇入官厅水库。

全市南北长 289.2 千米, 东西宽 216.2 千米, 总面积 3.68 万平方千米。张家口市常住人口为 409.9 万人, 其中, 城镇人口 275.1 万人, 常住人口城镇化率 67.12%。张家口属于温带大陆性季风气候, 其气候特点是: 一年四季分明, 冬季寒冷而漫长; 春季干燥多风沙; 夏季炎热短促降水集中; 秋季晴朗冷暖适中。康养产业优势主要有借冬奥会之机实现突破性发展, 从运动康养、旅居康养、地产康养、膳食康养、医养康养五个产业布局, 建设成为 "居家置业康养福地" 和京西北地区疏解非医疗康养功能的节点型城市。被评为中国金融生态城市、中国最佳投资环境城市、亚洲金旅奖·最佳绿色生态旅游名市、国家森林城市。

13. 江西宜春市

宜春市 (以下简称赣 C) 位于江西省西北部, 地理坐标在北纬 27°33′~29°06′, 东经 113°54′~116°27′, 东境与南昌市接界, 东南与抚州市为邻, 南陲与吉安市及新余市毗连, 西南与萍乡市接壤, 西北与湖南省的长沙市及岳阳市交界, 北域与九江市相邻。宜春地处赣西北山区向赣抚平原过渡地带, 地形复杂多样, 地势自西北向东南倾斜。境内东西长约 222.75 千米, 南北宽约 174 千米, 全市总面积 18680.42 平方千米。宜春市常住人口为 496.97 万人, 其中, 城镇人口 288.37 万人, 常住人口城镇化率 58.02%。宜春市境处于偏低纬度, 具有亚热带湿润气候特点。春季虽天气易变, 但回暖较早, 春夏之交湿润多雨, 夏秋间晴热干燥, 冬季阴冷, 但霜冻期短。四季比较分明, 春秋季短而夏冬季长。总的来说, 宜春市气候温暖, 光照充足, 雨量充沛, 无霜期长。康养产业优势主要有温泉、良好的森林康养环境和中医药资源优势。以 "生态 + 养老" 战略打造养老模式, 大力发展健康养老产业, 医疗康养产业政策支持力度大。获得中国宜居城市、中国十大休闲城市、中国十大养老城市、国家级首批创建创业型城市、国家森林城市、世界著名文化旅游城市等荣誉称号。

14. 广西桂林市

桂林市（以下简称桂 C）位于南岭山系西南部，地处湘桂走廊南端，广西壮族自治区东北部，地理坐标在北纬 24°15′23″~26°23′30″，东经 109°36′50″~111°29′30″，桂林地形总体呈北高南低的趋势，北、东、西三面地势较高，中部及南部地势较低平。全市总面积 2.78 万平方千米（其中中心城区 866.36 平方千米）。桂林市常住人口为 494.59 万人，其中，城镇人口 259.29 万人，常住人口城镇化率 53.42%。桂林地处低纬，属亚热带季风气候。境内气候温和，雨量充沛，无霜期长，光照充足，热量丰富，夏长冬短，四季分明且雨热基本同季，气候条件十分优越，年平均气温接近 19.4℃。康养产业优势主要有第一批健康旅游示范基地名单，以"医、康、养、健、智、学"为导向，成为具有较大国际影响力、国内一流的健康旅游目的地。获得全国青年文明号模范城市、全国精神文明建设先进城市、全国双拥模范城、中国特色魅力城市、国家历史文化名城等荣誉称号。

15. 广西贺州市

贺州市（以下简称桂 J）位于广西壮族自治区东北部，地理坐标在北纬 23°39′0″~25°09′0″，东经 111°05′0″~112°03′0″，地处湘、粤、桂三省（区）交界地，东与广东肇庆市、清远市毗邻，北与湖南永州市相连。全市总面积为 11855 平方千米。贺州市常住人口为 202.66 万人，其中，城镇人口 100.66 万人，常住人口城镇化率 49.67%。贺州市属亚热带季风气候，年均气温 20℃，极端最高温度 38.9℃，极端最低温度 -4℃。康养产业优势主要有无雷期长、森林覆盖率为 72.6%，在全广西区排名第二，有黄姚豆豉、昭平茶、黄姚黄精酒、英家大头菜 4 个地理标志产品。贺州是中国客家之乡、名茶之乡、奇石之乡、脐橙之乡和马蹄之乡美誉，是中国优秀旅游城市、全国双拥模范城、国家森林城市，是全国唯一的"中国长寿之乡"县域全覆盖城市，同时也是世界长寿市。2015 年被列为

"全国生态保护与建设示范区"。

16. 福建三明市

三明市（以下简称闽 G）位于福建省中部连接西北隅，地理坐标在北纬 25°30′~27°07′，东经 116°22′~118°39′，东依福州市，西界江西省，南邻德化县、永春县，北傍南平市，西南接长汀县、连城县、漳平市。三明市境域以中低山及丘陵为主，北西部为武夷山脉，中部为玳瑁山脉，东南角依傍戴云山脉。全市总面积 22959 平方千米。三明市常住人口为 245.5 万人，其中，城镇人口 158.1 万人，常住人口城镇化率 64.4%。春季雨量最多，占全年的 42%，夏季次之，秋季为最少。康养产业优势主要有发挥"中国绿都·最氧三明"的品牌优势，以文化为引领、旅游为主体、康养为支撑，助力构建文旅康养全产业链，着力打造文旅康养千亿级支柱产业。获得全国文明城市、全国双拥模范城、中国绿都、中国最绿省份的最绿城市等荣誉称号。

17. 山西大同市

大同市（以下简称晋 B）位于山西省最北端，地理坐标在北纬 39°03′~40°44′，东经 112°34′~114°33′。大同市全市总面积 14176 平方千米，市区面积 2080 平方千米，建成区 108 平方千米（2010 年）。大同市常住人口为 310.02 万人，其中，城镇人口 228.5 万人，常住人口城镇化率 73.7%。大同地处温带大陆性季风气候区，受季风影响，四季鲜明。大同市气候干寒多风，温差较大，年均气温 6.4℃，1 月 -11.8℃。最低温度 -29.2℃，7 月平均气温 21.9℃，年降水量 400~500 毫米，初霜期为 9 月下旬，无霜期 125 天左右。康养产业优势主要有全国首批"国家级医养结合试点城市"，承接京津冀与"一带一路"康养人群，推动康养小镇建设，打造宗教文化与自然生态特色鲜明的康养旅游目的地。获得国家历史文化名城（首批）、中国九大古都之一、中国十佳运动休闲城市、中国煤都等荣誉称号。

18. 广东珠海市

珠海市（以下简称粤 C）位于广东省南部，珠江出海口西岸，"五门"（金星门、磨刀门、鸡啼门、虎跳门、崖门）之水汇流入海处，地理坐标在北纬 21°48′~22°27′，东经 113°03′~114°19′。珠海市常住人口为247.72 万人，其中，城镇人口 224.83 万人，常住人口城镇化率 90.76%。珠海市地处珠江口西岸，濒临广阔的南海，属典型的南亚热带季风海洋性气候。终年气温较高，1979—2000 年年平均气温 22.5℃。康养产业优势主要有依托粤港澳大湾区优势，以"健康+医疗服务"为抓手加快构建"大健康"格局，创新医养结合和养老服务新模式，打造高端综合医疗和康养中心。获得全国旅游胜地四十佳、国际改善居住环境最佳范例奖、新型花园城市、国家首批生态园林城市、中国最具幸福感城市等荣誉称号。

19. 云南普洱市

普洱市（以下简称云 J）位于云南省西南部，地理坐标在北纬 22°02′~24°50′，东经 99°09′~102°19′，东临红河、玉溪，南接西双版纳，西北连临沧，北靠大理、楚雄。东南与越南、老挝接壤，西南与缅甸毗邻，国境线长约 486 千米（与缅甸接壤 303 千米，老挝 116 千米，越南 67 千米）。普洱市南北纵距 208.5 千米，东西横距北部 55 千米、南部 299 千米，总面积 45385 平方千米，是云南省面积最大的州（市）。普洱市常住人口为 238.10 万人，其中，城镇人口 98.69 万人，常住人口城镇化率 41.45%。普洱由于受亚热带季风气候的影响，这里大部分地区常年无霜，冬无严寒，夏无酷暑，享有"绿海明珠""天然氧吧"之美誉。普洱市海拔在 317~3370 米，中心城区海拔 1302 米，普洱市年均气温 15~20.3℃。康养产业优势主要有特有的自然地理环境、多彩的民族文化、边地文化、茶文化，着力打造世界一流健康生活目的地，建设生态宜居之城。被评为中国特色魅力城市 200 强、"世界茶源"称号、"中国咖啡之都"称号、国家森林城市。

20. 云南昆明市

昆明（以下简称云 A）位于中国西南云贵高原中部，地理坐标在北纬 24°23′～26°22′，东经 102°10′～103°40′，市中心位于北纬 25°02′11″，东经 102°42′31″，南濒滇池，三面环山，滇池平原。昆明是中国面向东南亚、南亚乃至中东、南欧、非洲的前沿和门户，具有"东连黔桂通沿海，北经川渝进中原，南下越老达泰柬，西接缅甸连印巴"的独特区位优势。全市总面积 21473 平方千米。昆明市常住人口为 860 万人，其中，城镇人口 697.5 万人，常住人口城镇化率 81.10%。昆明属北纬低纬度亚热带—高原山地季风气候，全年温差较小，市区年平均气温在 15℃左右，最热时月平均气温 19℃左右，最冷时月平均气温 8℃左右。年温差为全国最小，这样的气候特征在全球少有，鲜花常年开放，草木四季常青，是著名的"春城""花城"。康养产业优势主要围绕生命科学创新、健康产品制造。候鸟式养生养老等中心发展健康产业，打造具有影响力的中国健康之城。被中国昆明进出口商品交易会、中国国际旅游交易会、中国昆明国际旅游节评为主要的会展城市之一。2018 中国大陆最佳商业城市排名第 23 名，并重新确认国家卫生城市（区）。2019 年 12 月，国家民委命名昆明市为"全国民族团结进步示范市"。

6.2　地区康养产业竞争力评价与分析

6.2.1　数据收集

本书选取了 20 个城市作对比分析。选取这些城市的主要原因是它们 2020 年度被评选为中国康养可持续发展市二十强，具有较强的代表性。

在选取过程中，既包含了西部城市，也包含了沿海城市。以下数据主要以 2023 年 2 月 28 日止以来，由各个市（州）政府网、统计局、水利厅、商务厅、发改委等相关部门发布的数据及工作或研究报告和年鉴得到。

6.2.2　分析方法

城市认可度评分值的测算。首先，在 Excel 中输入所有地级市所获得的各项荣誉数据。其次，计算各项荣誉认可的权重，计算公式为

$$某一项荣誉认可权重 P = \frac{所有城市数量 - 获得该项荣誉认可的城市数}{所有城市数量}$$

最后，将每一个城市获得的所有荣誉认可项的权重加总得到该城市总的认可度分值，分为政府官方认可度和社会非官方认可度。

围绕地区康养产业竞争力综合评价问题，在对中国康养可持续发展市二十强康养产业发展及相关经济发展情况分析的基础上，采用德尔菲法对地区康养产业竞争力指数指标体系各级指标权重进行打分，对"地区康养产业竞争力"指标体系进行多轮打分，并对打分结果进行统计处理，最终得出地区康养产业竞争力指标体系各级指标权重，通过对熵值法权重和层次分析法权重加权平均得到综合权重，见表 6 - 1。

表 6 - 1　　　　　　地区康养产业竞争力指数指标体系权重

一级指标	二级指标	三级指标	熵值法权重	AHP权重	综合权重
产业禀赋			0.2337	0.2193	0.2265
	自然环境	（1）森林覆盖面积占比	0.2380	0.1960	0.2170
		（2）避暑旅居时长占比	0.2540	0.2460	0.2500
		（3）暖冬旅居时长占比	0.2570	0.2490	0.2530
	人文环境	（4）非物质文化遗产个数	0.2310	0.1970	0.2140
		（5）65 岁及以上老年人占比	0.2330	0.2150	0.2240
		（6）人均预期寿命	0.1890	0.2130	0.2010

一级指标	二级指标	三级指标	熵值法权重	AHP权重	综合权重
政府治理			0.2142	0.2070	0.2106
	政府治理	（7）城市空气质量	0.2050	0.1970	0.2010
		（8）水质环境质量	0.2110	0.2430	0.2270
		（9）城市绿化面积	0.2500	0.2040	0.2270
	政府支持	（10）数字经济发展支撑占比	0.2070	0.1950	0.2010
		（11）政府是否具有康养产业规划，如有，数量多少	0.2040	0.1890	0.1965
		（12）人均住养型养老机构数	0.2080	0.2140	0.2110
产品提供			0.2094	0.2067	0.2081
	制度能力	（13）是否设有独立机场	0.1880	0.2430	0.2155
		（14）高铁站设置数	0.2130	0.1990	0.2060
		（15）康养企业占全部企业百分比	0.2350	0.2070	0.2210
	旅游竞争力	（16）产业生命周期的康养产业成熟度	0.1870	0.1950	0.1910
		（17）城市综合经济竞争力	0.2430	0.2190	0.2310
		（18）康养服务总规模	0.1980	0.1880	0.1930
		（19）医疗制造业总规模	0.2020	0.1960	0.1990
社会影响			0.2156	0.2056	0.2106
	经济影响力	（20）第三产业占地区GDP比重	0.2410	0.2310	0.2360
		（21）第一二三产业融合度	0.2280	0.2340	0.2310
		（22）康养产业增加值占GDP比重	0.2070	0.1990	0.2030
	社会影响力	（23）参加体育锻炼人数占比	0.1980	0.1940	0.1960
		（24）居民高健康素质占比	0.2110	0.2050	0.2080
		（25）居民达到《国民体质测定标准》合格标准比例	0.1960	0.1920	0.1940
		（26）消费者满意度	0.2280	0.1840	0.2060

6.2.3 数据结果

利用表6-1计算得出的地区康养竞争力指数指标体系指标权重,采用综合评价法来计算地区康养竞争力指数结果。

$$AQI_i = \sum_{j=1}^{n} W_j \times P_{ij} \quad i = 1, 2, \cdots, m \qquad (6-1)$$

其中,AQI_i 为第 i 市地区康养产业竞争力指数,i 为样本个数,j 为指标个数,P_{ij} 为第 i 市第 j 个指标的数值。

利用式(6-1),对二十强中国康养可持续发展市的地区康养竞争力指数进行计算和评价。数据来源与熵值法计算指标体系权重时的数据来源相同。

将主客观组合赋权法计算出来的各级指标权重及熵值法计算得出的四省相关指标标值代入式(6-1),计算得出二十强中国康养可持续发展市的农业高质量发展指数及指标体系一级指标和三级指标的最终得分值,具体计算结果见表6-2。

由中国二十强中国康养可持续发展市地区康养产业竞争力指数及其一二三级指标计算分值的结果可知,地区康养产业竞争力指数得分最高的是云南昆明市,地区康养产业竞争力指数分值为0.0601;第二是四川攀枝花市,地区康养产业竞争力指数分值为0.0584;第三是河北张家口市,地区康养产业竞争力指数分值为0.0575;第四是广西贺州市,地区康养产业竞争力指数分值为0.0438。整体来看,分值都远远高于0.025,表明中国二十强市地区康养产业竞争力已经初步进入高速发展阶段。从中国康养可持续发展二十强市总体比较来看,云南昆明市、四川攀枝花市、广东珠海市、福建三明市、云南普洱市、四川广元市、河北张家口市七市的综合指数分都高于0.05,说明这七个市处于康养产业发展领先地区,云南昆明市的经济竞争力指数更是名列前茅。从康养产业竞争力指数一级指标得分情况来看,云南昆明市虽然只有一个一级指标产品禀

表6—2　地区康养产业竞争力指数指标体系实证分析结果

指标	四川攀枝花市 显值	四川攀枝花市 结果	四川雅安市 显值	四川雅安市 结果	四川广元市 显值	四川广元市 结果	吉林通化市 显值	吉林通化市 结果	贵州遵义市 显值	贵州遵义市 结果	贵州六盘水市 显值	贵州六盘水市 结果	海南三亚市 显值	海南三亚市 结果	海南海口市 显值	海南海口市 结果	浙江丽水市 显值	浙江丽水市 结果	山东烟台市 显值	山东烟台市 结果
区域康养产业经济竞争力指数		0.0584		0.0483		0.0508		0.0454		0.0462		0.0490		0.0477		0.0457		0.0445		0.0472
综合评价排名		2		10		7		17		15		9		11		16		18		12
各级评价指标																				
1. 产业禀赋		0.0149		0.0132		0.0163		0.0095		0.0097		0.0091		0.0110		0.0109		0.0125		0.0128
(1) 森林覆盖面积占比	0.3450	0.0029	0.3905	0.0031	0.3386	0.0026	0.2196	0.0016	0.3411	0.0028	0.3345	0.0024	0.2514	0.0019	0.2318	0.0018	0.3145	0.0020	0.2318	0.0018
(2) 避暑旅居时长占比	0.3411	0.0028	0.3386	0.0026	0.3345	0.0024	0.3251	0.0021	0.3450	0.0029	0.3411	0.0028	0.2101	0.0015	0.2101	0.0015	0.2318	0.0018	0.2246	0.0017
(3) 暖冬旅居时长占比	0.4002	0.0032	0.2008	0.0014	0.3251	0.0021	0.1887	0.0011	0.1843	0.0009	0.1843	0.0009	0.4128	0.0034	0.4069	0.0033	0.3302	0.0023	0.3398	0.0027
(4) 非物质文化遗产个数	0.1856	0.0010	0.3345	0.0024	0.4685	0.0038	0.1801	0.0004	0.1843	0.0009	0.1795	0.0002	0.1798	0.0003	0.1795	0.0002	0.1893	0.0012	0.3251	0.0021
(5) 65岁及以上老年人占比	0.3386	0.0027	0.2246	0.0017	0.3450	0.0029	0.3398	0.0027	0.3251	0.0021	0.2101	0.0015	0.2196	0.0016	0.2196	0.0016	0.3345	0.0024	0.3411	0.0028
(6) 人均预期寿命	0.3296	0.0023	0.3145	0.0020	0.3368	0.0025	0.2196	0.0016	0.1791	0.0001	0.1956	0.0013	0.3302	0.0023	0.3368	0.0025	0.3411	0.0028	0.2246	0.0017
2. 政府治理		0.0171		0.0114		0.0091		0.0097		0.0151		0.0118		0.0100		0.0100		0.0085		0.0109
(7) 城市空气质量	0.3302	0.0024	0.3345	0.0024	0.3296	0.0022	0.2196	0.0016	0.3251	0.0021	0.3302	0.0023	0.3251	0.0021	0.3251	0.0021	0.2514	0.0019	0.3251	0.0021
(8) 水质环境质量	0.3251	0.0022	0.3296	0.0022	0.3296	0.0022	0.2514	0.0019	0.3296	0.0022	0.3296	0.0022	0.2514	0.0019	0.2514	0.0019	0.3145	0.0020	0.3145	0.0020
(9) 城市绿化面积	0.6854	0.0047	0.3251	0.0021	0.1956	0.0013	0.1893	0.0012	0.1843	0.0009	0.1823	0.0008	0.2196	0.0016	0.1791	0.0001	0.0000	0.0000	0.1801	0.0004
(10) 数字经济发展支撑占比	0.3450	0.0029	0.1887	0.0011	0.1805	0.0006	0.1887	0.0006	0.3386	0.0026	0.3345	0.0024	0.2318	0.0018	0.3368	0.0025	0.1956	0.0013	0.3496	0.0030
(11) 政府是否具有康养产业规划，如有，数量多少	0.3145	0.0021	0.3251	0.0021	0.3251	0.0021	0.3251	0.0021	0.3251	0.0021	0.3251	0.0021	0.3251	0.0021	0.3251	0.0021	0.3251	0.0021	0.3251	0.0021

续表

指标	四川攀枝花市 显值	结果	四川雅安市 显值	结果	四川广元市 显值	结果	吉林通化市 显值	结果	贵州遵义市 显值	结果	贵州六盘水市 显值	结果	海南三亚市 显值	结果	海南海口市 显值	结果	浙江丽水市 显值	结果	山东烟台市 显值	结果
(12) 人均住养型养老机构数	0.3412	0.0028	0.2101	0.0015	0.1812	0.0007	0.2318	0.0018	0.8705	0.0052	0.3145	0.0020	0.1803	0.0005	0.1956	0.0013	0.1893	0.0012	0.1956	0.0013
3. 产品提供		0.0120		0.0088		0.0119		0.0144		0.0105		0.0147		0.0123		0.0116		0.0119		0.0132
(13) 是否设有独立机场	0.3296	0.0023	0.0000	0.0000	0.3302	0.0023	0.3302	0.0023	0.3302	0.0023	0.3302	0.0023	0.3302	0.0023	0.3302	0.0023	0.3302	0.0023	0.3302	0.0023
(14) 高铁站设置数	0.3145	0.0021	0.1812	0.0007	0.3302	0.0023	0.8654	0.0051	0.1893	0.0012	0.8705	0.0052	0.1843	0.0009	0.1893	0.0012	0.3251	0.0021	0.3368	0.0025
(15) 康养企业占全部企业百分比	0.1856	0.0010	0.3251	0.0021	0.1956	0.0013	0.2008	0.0014	0.1893	0.0012	0.2008	0.0014	0.2318	0.0018	0.2196	0.0016	0.1956	0.0013	0.2318	0.0018
(16) 产业生命周期的康养产业成熟度	0.2246	0.0017	0.2008	0.0014	0.2008	0.0014	0.1956	0.0013	0.2196	0.0016	0.2101	0.0015	0.3145	0.0020	0.2196	0.0016	0.2101	0.0015	0.2101	0.0015
(17) 城市综合经济竞争力	0.2008	0.0014	0.2196	0.0016	0.2101	0.0015	0.2008	0.0014	0.1956	0.0013	0.2101	0.0015	0.2318	0.0018	0.2196	0.0016	0.2246	0.0017	0.2246	0.0017
(18) 康养服务总规模	0.2318	0.0018	0.2008	0.0014	0.2101	0.0015	0.2101	0.0015	0.2008	0.0014	0.2008	0.0014	0.2318	0.0018	0.2246	0.0017	0.2008	0.0014	0.2246	0.0017
(19) 医疗制造业总规模	0.2246	0.0017	0.2196	0.0016	0.2196	0.0016	0.2008	0.0014	0.2101	0.0015	0.2008	0.0014	0.2246	0.0017	0.2196	0.0016	0.2196	0.0016	0.2246	0.0017
4. 社会影响		0.0144		0.0149		0.0135		0.0118		0.0109		0.0124		0.0144		0.0132		0.0116		0.0103
(20) 第三产业占地区GDP比重	0.3386	0.0027	0.4428	0.0037	0.2514	0.0019	0.3368	0.0025	0.1843	0.0009	0.3145	0.0020	0.3496	0.0030	0.3302	0.0023	0.2008	0.0014	0.1856	0.0010
(21) 第一二三产业融合度	0.3345	0.0025	0.3302	0.0023	0.3302	0.0023	0.3145	0.0020	0.3145	0.0020	0.3145	0.0020	0.3302	0.0023	0.3302	0.0023	0.3145	0.0020	0.3145	0.0020
(22) 康养产业增加值占GDP比重	0.2612	0.0020	0.3296	0.0022	0.3345	0.0024	0.2246	0.0017	0.2101	0.0015	0.3145	0.0020	0.3386	0.0026	0.3345	0.0024	0.3386	0.0026	0.2246	0.0017

续表

指标	四川攀枝花市		四川雅安市		四川广元市		吉林通化市		贵州遵义市		贵州六盘水市		海南三亚市		海南海口市		浙江丽水市		山东烟台市	
	显值	结果	显值	结果	显值	结果	显值	结果	显值	结果	显值	结果	显值	结果	显值	结果	显值	结果	显值	结果
(23) 参加体育锻炼人数占比	0.2101	0.0015	0.1893	0.0012	0.3145	0.0020	0.2246	0.0017	0.2101	0.0015	0.1956	0.0013	0.3145	0.0020	0.2514	0.0019	0.1893	0.0012	0.1887	0.0011
(24) 居民高健康素质占比	0.2318	0.0018	0.2246	0.0017	0.2246	0.0017	0.2101	0.0015	0.2101	0.0015	0.2246	0.0017	0.2101	0.0015	0.2101	0.0015	0.2101	0.0015	0.2101	0.0015
(25) 居民达到《国民体质测定标准》合格标准比例	0.2318	0.0018	0.2196	0.0016	0.2101	0.0015	0.2008	0.0014	0.2101	0.0015	0.2196	0.0016	0.2196	0.0016	0.2101	0.0015	0.2101	0.0015	0.2008	0.0014
(26) 消费者满意度	0.3145	0.0021	0.3296	0.0022	0.2246	0.0017	0.1856	0.0010	0.3145	0.0020	0.2318	0.0018	0.2008	0.0014	0.1956	0.0013	0.2008	0.0014	0.2196	0.0016

指标	河北秦皇岛市		河北张家口市		江西宜春市		广西桂林市		广西贺州市		福建三明市		山西大同市		广东珠海市		云南昆明市		云南普洱市	
	显值	结果	显值	结果	显值	结果	显值	结果	显值	结果	显值	结果	显值	结果	显值	结果	显值	结果	显值	结果
区域康养产业经济竞争力指数		0.0466		0.0575		0.0467		0.0499		0.0438		0.0513		0.0444		0.0561		0.0601		0.0511
综合评价排名		14		3		13		8		20		5		19		4		1		6
各级评价评价指标																				
1. 产业禀赋		0.0124		0.0128		0.0125		0.0132		0.0104		0.0124		0.0101		0.0113		0.0187		0.0167
(1) 森林覆盖面积占比	0.2318	0.0018	0.2318	0.0018	0.3145	0.0020	0.2318	0.0018	0.2101	0.0015	0.3145	0.0020	0.2514	0.0019	0.3296	0.0022	0.2514	0.0019	0.2318	0.0018
(2) 避暑旅居时长占比	0.2318	0.0018	0.2318	0.0018	0.2514	0.0019	0.3302	0.0023	0.3251	0.0021	0.2318	0.0018	0.2196	0.0016	0.2101	0.0015	0.3345	0.0024	0.3368	0.0025
(3) 暖冬旅居时长占比	0.3251	0.0021	0.3145	0.0020	0.2318	0.0018	0.2196	0.0016	0.2246	0.0017	0.3145	0.0020	0.2008	0.0014	0.3411	0.0028	0.3386	0.0026	0.3386	0.0026
(4) 非物质文化遗产个数	0.2246	0.0017	0.4002	0.0032	0.3450	0.0029	0.2196	0.0016	0.1893	0.0012	0.3398	0.0027	0.1887	0.0011	0.1803	0.0005	0.9872	0.0074	0.9257	0.0067
(5) 65 岁及以上老年人占比	0.3345	0.0024	0.3296	0.0022	0.2514	0.0019	0.4002	0.0032	0.2318	0.0018	0.2246	0.0017	0.3296	0.0022	0.1856	0.0010	0.2246	0.0017	0.2196	0.0016

续表

指标	河北秦皇岛市 显值	河北秦皇岛市 结果	河北张家口市 显值	河北张家口市 结果	江西宜春市 显值	江西宜春市 结果	广西桂林市 显值	广西桂林市 结果	广西贺州市 显值	广西贺州市 结果	福建三明市 显值	福建三明市 结果	山西大同市 显值	山西大同市 结果	广东珠海市 显值	广东珠海市 结果	云南普洱市 显值	云南普洱市 结果	云南昆明市 显值	云南昆明市 结果
(6) 人均预期寿命	0.3386	0.0026	0.2318	0.0018	0.3145	0.0020	0.3398	0.0027	0.3251	0.0021	0.3296	0.0022	0.2514	0.0019	0.4069	0.0033	0.2101	0.0015	0.3398	0.0027
2. 政府治理		0.0106		0.0174		0.0115		0.0124		0.0132		0.0146		0.0110		0.0203		0.0110		0.0149
(7) 城市空气质量	0.3302	0.0023	0.3251	0.0021	0.3251	0.0021	0.3145	0.0020	0.2318	0.0018	0.2246	0.0017	0.2196	0.0016	0.3251	0.0021	0.3345	0.0024	0.3345	0.0024
(8) 水质环境质量	0.3251	0.0021	0.3251	0.0021	0.3251	0.0021	0.3145	0.0020	0.3251	0.0021	0.3145	0.0020	0.3145	0.0020	0.3251	0.0021	0.3251	0.0021	0.3296	0.0022
(9) 城市绿化面积	0.1791	0.0001	0.9847	0.0073	0.2196	0.0016	0.1803	0.0005	0.5806	0.0041	0.2101	0.0015	0.3368	0.0025	0.9998	0.0093	0.1798	0.0003	0.2008	0.0014
(10) 数字经济发展支撑占比	0.2101	0.0015	0.3251	0.0021	0.3251	0.0021	0.3251	0.0021	0.3398	0.0027	0.3398	0.0027	0.2318	0.0018	0.3905	0.0031	0.3296	0.0022	0.3302	0.0023
(11) 政府是否具有康养产业规划, 如有, 数量多少	0.3251	0.0021	0.3251	0.0021	0.3251	0.0021	0.3251	0.0021	0.3251	0.0021	0.3251	0.0021	0.3251	0.0021	0.3251	0.0021	0.3251	0.0021	0.3251	0.0021
(12) 人均住养型养老机构数	0.3368	0.0025	0.2246	0.0017	0.2101	0.0015	0.4428	0.0037	0.1801	0.0004	0.6587	0.0046	0.1856	0.0010	0.2196	0.0016	0.2514	0.0019	0.6425	0.0045
3. 产品提供		0.0114		0.0157		0.0108		0.0117		0.0086		0.0128		0.0115		0.0120		0.0105		0.0120
(13) 是否设有独立机场	0.3302	0.0023	0.3302	0.0023	0.3302	0.0023	0.3302	0.0023	0.0000	0.0000	0.3302	0.0023	0.3302	0.0023	0.3302	0.0023	0.3302	0.0023	0.3302	0.0023
(14) 高铁站设置数	0.1812	0.0007	0.6587	0.0046	0.1843	0.0009	0.3251	0.0021	0.1893	0.0012	0.3496	0.0030	0.3368	0.0025	0.1893	0.0012	0.1812	0.0007	0.1812	0.0007
(15) 康养企业占全部企业百分比	0.1956	0.0013	0.3302	0.0023	0.2514	0.0019	0.2196	0.0016	0.2008	0.0014	0.2008	0.0014	0.1856	0.0010	0.2101	0.0015	0.2196	0.0016	0.3345	0.0024
(16) 产业生命周期的康养产业成熟度	0.2318	0.0018	0.2196	0.0016	0.2008	0.0014	0.2196	0.0016	0.2101	0.0015	0.2101	0.0015	0.2008	0.0014	0.2246	0.0017	0.2196	0.0016	0.2246	0.0017
(17) 城市综合经济竞争力	0.2318	0.0018	0.2318	0.0018	0.2008	0.0014	0.1956	0.0013	0.2008	0.0014	0.2196	0.0016	0.2008	0.0014	0.2318	0.0018	0.2008	0.0014	0.2246	0.0017

指标	河北秦皇岛市 显值	结果	河北张家口市 显值	结果	江西宜春市 显值	结果	广西桂林市 显值	结果	广西贺州市 显值	结果	福建三明市 显值	结果	山西大同市 显值	结果	广东珠海市 显值	结果	云南普洱市 显值	结果	云南昆明市 显值	结果
(18) 康养服务总规模	0.2318	0.0018	0.2196	0.0016	0.2008	0.0014	0.1956	0.0013	0.2101	0.0015	0.2196	0.0016	0.2101	0.0015	0.2318	0.0018	0.2101	0.0015	0.2246	0.0017
(19) 医疗制造业总规模	0.2246	0.0017	0.2101	0.0015	0.2101	0.0015	0.2101	0.0015	0.2196	0.0016	0.2008	0.0014	0.2008	0.0014	0.2246	0.0017	0.2008	0.0014	0.2101	0.0015
4. 社会影响		0.0122		0.0116		0.0119		0.0126		0.0116		0.0115		0.0118		0.0125		0.0129		0.0145
(20) 第三产业占地区GDP比重	0.2514	0.0019	0.3302	0.0023	0.2318	0.0018	0.3145	0.0020	0.2514	0.0019	0.2196	0.0016	0.3386	0.0026	0.2101	0.0015	0.2318	0.0018	0.3496	0.0030
(21) 第一二三产业融合度	0.3302	0.0023	0.3145	0.0020	0.2318	0.0018	0.2318	0.0018	0.3145	0.0020	0.3145	0.0020	0.3145	0.0020	0.3302	0.0023	0.2318	0.0018	0.3302	0.0023
(22) 康养产业增加值占GDP比重	0.3145	0.0020	0.2101	0.0015	0.3145	0.0020	0.3386	0.0026	0.2246	0.0017	0.3145	0.0020	0.2101	0.0015	0.3296	0.0022	0.3345	0.0024	0.3386	0.0026
(23) 参加体育锻炼人数占比	0.1893	0.0012	0.1893	0.0012	0.2101	0.0015	0.2514	0.0019	0.2246	0.0017	0.1893	0.0012	0.1856	0.0010	0.2514	0.0019	0.3296	0.0022	0.3251	0.0021
(24) 居民高健康素质占比	0.2101	0.0015	0.2101	0.0015	0.2196	0.0016	0.2101	0.0015	0.2196	0.0016	0.2196	0.0016	0.2101	0.0015	0.2101	0.0015	0.2196	0.0016	0.2101	0.0015
(25) 居民达到《国民体质测定标准》合格比例	0.2196	0.0016	0.2196	0.0016	0.2196	0.0016	0.2101	0.0015	0.2196	0.0016	0.2246	0.0017	0.2196	0.0016	0.2246	0.0017	0.2101	0.0015	0.2101	0.0015
(26) 消费者满意度	0.2246	0.0017	0.2101	0.0015	0.2196	0.0016	0.1956	0.0013	0.1887	0.0011	0.2008	0.0014	0.2196	0.0016	0.2008	0.0014	0.2196	0.0016	0.2101	0.0015

赋排在第一位，但是其余三个指标相对分数都比较接近第一位置，分别处于第二、第四和第五位，各个指标平均发展，最终综合排名第一。在区域康养产业竞争力发展中，四川攀枝花市、贵州遵义市、贵州六盘水市、云南普洱市、云南昆明市五市在避暑指标处于前位，海南三亚市、海南海口市、广东珠海市、云南昆明市、云南普洱市、四川攀枝花市六市在暖冬指标处于前位，体现在分数还处于相对优势的基础上，虽然在65岁及以上老人占比、城市绿化面积、城市综合经济竞争力等指标处于较低水平，但是在其他指标中得到了互补，最终取得的总分较为靠前。通过该组数据很好地反映了中国二十强市地区康养产业竞争力的优劣势，故"地区康养产业竞争力评价指数指标体系"的设计、测算过程，及利用其对中国二十强市地区康养产业竞争力评价和结果分析，该研究设计的地区康养产业竞争力指数指标体系是科学合理的，用其对现实地区康养产业竞争力水平开展评价和深入分析是可行的。

在中国二十强康养可持续发展市中，南方地区有十个市、西南地区有五个市、东北和北方地区各两个市、西北地区有一个市。由表6-2可知，南方城市在康养产业竞争力发展较为突出的云南昆明市和广东珠海市，还有海南三亚市和广西桂林市，也有相对二十强排名靠后的广西贺州市和浙江丽水市，虽然排名具有前后区分，但是针对一级指标的产业禀赋从数据分析看相差并不是很明显，产生差异的主要因素还是集中在政府治理和社会影响指标方面。西南地区在康养产业发展中相对比较比较稳定，主要集中在川贵两省的五市。它们分别排名第2、第7、第9、第10和第15。这些城市得分排列较为均匀，也有优劣之分，其得分差异集中于产业禀赋和政府治理两个指标；东北地区的两个市排名第14和第17，主要表现为政府治理和社会影响不占优势，处于较为靠后的排名中。北方地区的两个市排名第12和第19，也处于较为低的分值，主要原因是在产业禀赋和社会影响不占具优势，西北地区虽然只有一个城市进入中国二十强康养可持续发展市，但是它排名第3，主要原因是在4个一级指标中都处于领先地位。综上，西南地区的康养产业发展多依赖资源禀赋，东部地区则是政府治理对产业的支撑较大，北方地区产业的社会影响和政府治理不占优势。总体来看，国内康养产业发展仍然处于初级阶段，政府引导力不足，产业资源不够富集，投资与消费也不够充分，企业协同也表现不足，产业潜力还有很大发挥空间。

四川省攀枝花市通过政府治理引导康养产业发展方面的经验值得借鉴。该市自21世纪初就开始将康养旅游作为全市新的经济增长点，不断加强城市环境治理及基础设施建设。2005年，攀枝花举办"四川省首届冬季旅游大会"并获得"中国优秀旅游城市"授牌后，攀枝花加大城市环境改善力度，逐步完善市内基础设施，大力支持旅游业发展，使城市旅游形象得到极大提升。2006年，攀枝花市重点打造包括"大西南阳光温泉度假之旅"在内的"四大旅游品牌"，参与四川省新五大旅游区建设。2007年，攀枝花启动攀西阳光生态旅游度假区开发建设，重点推动桐子林湖区水上休闲运动中心等项目建设。2008年，攀枝花持续推动生态环境改善，成功创建国家卫生城市。2009年，在阳光生态旅游度假区打造的基础上，形成"一轴两翼"产业发展新格局，建设独特的中国冬季阳光养生胜地。2010年，攀枝花着力塑造"阳光花城"形象，通过多个阳光主题活动节事的开展，重点体育休闲旅游区的建设，推进"四个倾力打造"。2011年延续"四个倾力打造"目标，集中力量构建集度假、休闲、运动于一体的现代旅游体系，精心打造红格温泉、岩神山—莲花村阳光康养等项目，努力建设全国著名的冬季阳光度假目的地。2012年，以"阳光花城"为依托，重点打造宜居宜游的攀枝花。普达阳光国际康养度假区的签约投资及"中国阳光康养旅游城市发展规划"的编制，标志着攀枝花正式进入康养发展阶段。2013年，攀枝花继续推动中国阳光康养旅游城市创建，出台相关养老产业发展规划，继续推动康养相关重大项目建设。2014年，首届中国康养产业发展论坛在攀枝花成功举办，巩固了攀枝花在我国康养产业中的发展地位，拉动了阳光康养产业领域投资，推进了攀枝花阳光康养产业项目建设，让康养产业真正成为推动攀枝花经济转型的主要产业，逐步实现资源型城市向阳光康养服务业城市转型。2015 年，攀枝花相继出台《攀枝花纵向医疗联合体建设实施方案》等政策文件，从养老服务业、养老医疗等方面全面支撑康养产业做大做强，创造性提出中国康养旅游城市概念，"阳光康养"形象深入人心，成功打响了"阳光花城·康养胜地"品牌。2016 年是攀枝花市"旅游提质增效年"。攀枝花市政府大力打造养生、养老、养心、会展等"旅游+"产品，为之后的"康养+"发展提供实践基础。同时，攀枝花也在大力深化公立医院改革，改造和升级医疗设施，从医疗方面全面保障康养产业发展。除此之外，攀枝花市政府联合攀枝花学院创办了国内首家康养学院，从人才供给上为康养产业提供支撑。2017 年，攀枝花正式提出"康养+"概念。2017—2018 年，"康养+农业""康养+工业""康养+医疗""康养+旅游""康养+运动"综合发展，在政府的推动下，优质农产品供给持续增加，钢铁、钒钛等加工制造也逐渐向康养制造延伸，医疗保健产业升级壮大，康养旅游市场逐步扩展，户外体育运动发展迎来小热潮，康养产业投资基金组建运行，"康养+"产业项目化、具体化，整体朝向高质量发展。2019 年至今，攀枝花将城市文化融入康养发展中，赋予康养新的文化内涵。从攀枝花"三线建设"中的英雄故事，提炼出"英雄攀枝花·阳光康养地"的城市新品牌，研究推广康养文化，将康养真正融入民众生活。同时，攀枝花紧跟时代发展，推进康养旅游产业"5115"工程，鼓励康养民宿、自驾车旅游等新型旅游业态发展，建设全域全龄智能特色康养示范区。攀枝花市康养产业的发展历程虽然不长，但亮点突出，效果明显，对我国资源型城市转型提供了一个良好的借鉴。

6.3 对策启示

1. 业态依附康养资源集聚，产业结构逐渐显现

基于对康养业态的多元化发展分析以及康养目的地开发模式分析发

现，随着康养项目开发运营模式的发展与成熟，依附于康养资源进行康养业态的组合发展模式已经逐步成型。根据气候、森林、温泉、中医药以及特色农业等资源的特点，各类资源下的业态组合以及商业模式已经基本形成，旅居、运动、疗愈或研学等康养业态在具体康养项目中实现业务功能的配合和互补，不断延伸康养产业链，以资源为核心的康养产业的生态体系也逐渐构建。

不同康养业态和资源的融合程度更为紧密。康养产业发展以优越的长寿健康资源为基础，而产业的丰富与赢利则需要利用多元化的业态模式来实现。随着康养项目的投资运营模式不断探索成型，康养业态与资源的开发和利用的吻合程度和发展效率快速提升。旅居康养业态的特点是消费者停留时间长、追求将健康养生作为一种生活方式，需要能长期融合在生活中，从衣食住行多方面提供具有健康保健功能的资源，优越的气候资源、让人身心放松的田园农业生活、日常可享受的温泉泡浴等康养资源的适配程度较高。疗愈康养业态更强调相应的康养项目对于患有慢性疾病或亚健康状态的人群，真正起到缓解病痛、改善身体状况的疗效，因而作为中国传统医学体系的中医药资源将更适合与疗愈业态结合，能最大限度地开发出有疗愈功效的产品。研学康养业态，消费者不仅追求身心的健康，更崇尚思想精神的进步和升华，为满足此类需求，研学业态与温泉、中医药以及特色产业等具有深厚历史底蕴或特色地域文化的资源更加契合。运动康养业态，主要通过各类运动项目的体验来达到健身、塑形或娱乐等康养目的，更适合与气候资源、森林资源以及农业资源相结合，在环境舒适、森林地形多样或农业活动丰富的地区开发运动项目，能提供更健康舒适、丰富有趣的康养运动服务。

业态相互关联结合，康养功能趋于完善。旅居康养业态在康养产业中主要为旅居地产模式，追求将健康养生作为生活方式，与运动、疗愈类业态结合，能有效补充旅居业态的其他康养功能，开发成为运动康养小镇或疗养小镇。运动业态在锻炼身体机能提高免疫力的同时，可能会带来运动损伤风险；损伤风险的存在使得运动与疗愈业态紧密结合，为运动康养人群提供更全面的健康或康复保障。多元业态的配套和补充，使得康养项目的功能更为齐全、业务类型更加丰富，提供更专业的康养服务，有利于康养项目的规模化发展。

2. 投资与开发模式转变，运动、研学类康养更具吸引力

旅居投资火爆，开发模式有所转变。由于国家对"健康中国行动"、乡村振兴以及文旅产业的重视，在康养领域内的扶持与优惠政策频出，并且康养产业成为许多城市产业转型升级的方向，资本势必会抓住时机投资康养产业。来自房地产企业或保险等金融机构的传统的资本，最早进入康养养老领域，主要通过投资养老机构、养老公寓或社区等地产盈利。康养地产模式也是近年来最热门的投资方向，但投资规模大、回收周期长等特点导致诸多项目处于亏损状态。万科、保利等国内房地产龙头企业，对于养老和旅居的布局已久，如今对于养老或旅居地产的项目，更多从销售住房获取收益，拓展地产项目的运营模式，重视养老旅居地产的配套设施和功能，真正将"健康""养老"的细节融合在后期项目运营中。

运动业态成为热门康养投资方向。运动康养小镇的投资近几年来逐渐兴起，并且随着各类小众运动、极限运动的受众越来越广，以及科学运动的理念成为社会共识，运动旅游基地、运动康复中心等业态将持续发展。运动康养景区、康养小镇的投资规模大、热度高。生物医药备受看好，或成康养未来投资新方向。《全球视野下的中国医疗健康资本市场》报告数据显示，国内生物医药投融资市场活跃度进一步提升。

3. 政策关注新热点新业态，重点规范引导康养发展

康养是实现健康中国战略的重要支撑和乡村振兴的重要路径，作为生态文明建设的重大成果，康养产业的定位及相应产业政策的导向趋势增强。

中医药成为政策关注热点，多方面推动新业态新发展。中医药康养

在 2023 年成为康养产业的新焦点，在疫情中发挥重要作用的中医药疗法，其传承和创新发展受到国家和社会的关注，国家中医药管理局鼓励中医药与康养紧密结合，围绕以中医药资源为核心的康养模式搭建服务平台，支持项目购买以及人才培育储备。康养产业作为推动经济发展和产业结构转型升级的重要方向，在政策上也得到认可与支持。农业农村部多项政策积极推动养老、健身休闲与旅游等多产业融合发展，推动实现乡村振兴。康养产业的发展逐渐围绕资源进行业态聚集、建设，其成为综合性的康养生活目的地的趋势也为政府所重视，政策上将打造健康生活目的地作为目标，鼓励各地建设健康城市和健康村镇。

善用环境型政策工具，主要对康养产业进行引导规范。通过项目组对各地级市的康养相关政策分析，发现政府出台的"环境型"政策工具的使用数量超过"供给型"政策工具及"需求型"政策工具的使用数量。康养产业发展处于初期探索阶段，产业的发展格局和商业模式尚未成熟，因而需要政府文件从策略性措施、目标规划、金融支持、服务体系建设等方面为康养产业发展营造良好的环境。"供给型"政策工具的使用情况适中，政府在康养基地建设和康养科技研发方面的投入较多，直接从硬件设施和技术支持上推动建设康养示范性基地，为康养产业的健康发展提供指引。但对于康养领域资金和人才培养的关注较少，对于康养产业专业化发展的推动略显不足。

康养产业的生态体系正逐渐成形，政策资本等多重环境因素利好。政策环境从多方面支持康养产业发展，打造良好市场发展环境，引导康养新业态发展；资本市场热度不减，旅居康养投资仅稍显遇冷，运动康养、研学康养以及生物医药领域成为资本青睐的方向。经过投资大热潮和康养项目的实际运营后，康养产业形成了旅居、运动、疗愈以及研学四大业态形式，消费者主要通过购买及体验这几类业务形式来实现个性化的康养目标。随着对康养资源的认知和开发利用程度加深，各业态依附于康养资源而聚集的康养目的地模式显现，气候型康养、森林康养、温泉康养、中医药康养以及特色农业康养等目的地以资源为核心，构建多业态相互配套补充的康养综合体模式，提供囊括生活各个方面的健康养生服务。

　　康养产业资源与业态吻合程度提高、产业发展环境良好，康养产业未来的市场需求还能深度扩容，将继续带动大众的健康消费稳步升级。为推动康养产业的进一步发展，仍需养老、文旅、体育以及医疗等多产业之间实现资源协调配置，重点培育建设专业化的人才团队，推动康养产品和服务向专业化、定制化的趋势发展，有利于持续扩大康养市场规模和盈利水平，促进城乡以及各区域之间的产业联动，推动实现经济结构优化和升级发展。

第7章 康养产业竞争力提升策略

7.1 基于科学发展观的宏观产业规划

7.1.1 树立科学的产业发展理念

首先，康养产业的发展应贯彻可持续发展的理念，注重生态环保、文化传承、社会参与等方面的平衡发展。同时，政府应加强对康养产业的监管和管理，确保可持续发展理念的落实。其次，要树立科学全面的规划理念。康养产业的发展需要进行全面的市场需求分析、地区优势研究、资源条件评估、政策支持制定等，树立科学全面的规划理念，确保产业发展方向的正确性和科学性。

7.1.2 明确康养产业发展定位

康养产业吸引力包含城市声誉、自然环境、人文环境、口碑评价等多个维度，为各地区或城市综合分析自身发展康养产业基础，挖掘潜在优势，找准发展定位提供了参考。各市可以在已有指标体系的基础上继续思考、拓展康养产业竞争力指标，对自身情况进行综合分析，深入挖掘发展康养产业的潜在优势，找准发展定位，精准规划，打造康养产业特色，提升康养产业吸引力。同时，康养产业集群发展与品牌城市建设紧密结合，坚持与康养产业发展优势区域对标，规划打造具有区域风格的康养产业集群。围绕当地的康养产业发展方向和康养产业布局，因地制宜，准确定位康养业态，充分结合生态、交通、医疗等资源，全力打造一批康养精品工程，通过康养产业带动相关产业快速发展。

7.1.3 加强区域宏观统筹协同

（1）要统一康养产业发展整体意识。康养城市建设要进一步提高整体认识，充分认识康养产业对于全面贯彻落实中央"四个全面"战略，推动城市高质量发展的重要意义，建立有效的协调机制。政府应建立健全康养产业发展的协调机制和合作模式，加强各部门之间的沟通和协作，整合资源，形成合力，推动康养产业的协同发展。

（2）要注重多规合一有效衔接。政府牵头引领，协同各类大健康科研机构、院所专家参与编制区域康养产业发展规划，注重多规合一，促进城乡建设、土地规划、生态保护、公共服务的协同一致，确保康养产业发展战略的稳步推进。积极推动康养产业规划纳入各级规划，做好产业规划布局工作，以利于指导各城市在发展康养产业上有一定的侧重点，避免重复建设。鼓励和带动相邻地区的康养资源整合和优势互补，发挥整合协同效应。

（3）要优化区域产业布局。区域康养产业发展规划应该紧密结合乡村振兴战略，努力构建以覆盖城乡、区域功能互补、城乡居民共建共享的康养服务设施空间布局体系。同时，合理分布基本型、需求型和个性化的康养服务机构，合理规划、落实预留好康养服务设施及其空间。

7.2　基于强化要素保障的康养资源配置

7.2.1　强化全域康养资源整合协同

在协同发展的理念下，康养产业集聚发展要抓住以下重点。

（1）政策融合。在国内康养产业发展成果的基础上，积极推进区域康养产业基本术语规范、养老服务标准、康养建筑设计要求、运动康复行为指南、康养旅游服务规范、健康膳食指南、老年人群健康管理规范等地方性标准的建立。在实现康养产业内政策标准的规范和统一的同时，扩大区域康养产业发展的话语权。政策融合还包括在康养产业发展中融合水域保护、乡村振兴、生态保护等政策的协同发展。

（2）资源共享。在现有养老人才、资源、信息共享的前提下，加强区域内资源整合，搭建区域内信息服务共享平台，实现政策、收费、设施、内容等多种项目的共享，真正做到康养产业的信息资源共享。同时建立监管机制，以便于政府有关部门、行业协会协同监管、跨区域治理。

（3）区域性融合。区域性融合不仅是交通、物资、人员流动空间的一体化，更是制度、政策、市场要素等多维度的一体化。区域内在产业调整、空间布局、城建规划上互融互通，促进了区域内康养产业集群的协同发展。

（4）产业联结。通过与房地产、医疗器械、旅游、保险、文化传媒、信息咨询等行业融合发展，鼓励各行业各企业之间优化内部资源、强化外部联结、加强融合创新、完善竞争合作，打通康养产业内部的供应链、产业链。同时，搭建康养产业与其他产业交叉融合的桥梁，比如康养产业与农业现代化结合，有利于促进城乡要素的流通，通过居住空间置换，优化人口结构。

7.2.2　强化产业发展要素保障

（1）补齐制约区域康养产业发展的基础设施短板。提高交通出行舒适度，建成安全便捷、畅通高效、智能舒适的现代综合康养旅游交通运输体系，营造良好发展环境。

（2）加大专业人才培育力度。政府应加强对康养产业相关人才的培养和引进，建立健全人才培养和引进机制，实施产业人才培养工程，为产业发展提供人才保障。同时，也可以引导企业加强内部培训，提高从业人员的专业素质和技能水平。

（3）多方式强化资金保障。进一步加强康养产业投融资体制改革，加大对企业上市的培训力度，推动满足条件的康养企业上市融资，充分发挥振幅资金的引导作用和各类金融工具的杠杆作用，吸引社会资本参与，强化康养产业发展的资金保障。

（4）强化土地供给保障，将各类养老与健康服务设施建设用地纳入政府土地建设规划和计划，优先保障康养项目建设用地，有效整合闲置、低效用地，通过招标、拍卖等形式优先出售给康养企业。

7.3　促进康养市场扩张的产业政策支持

7.3.1　放宽康养市场准入

（1）要降低社会资本市场准入门槛。一是加快"放管服"改革，支持社会资本开展康养业务，建设康养设施。政府在康养市场准入条件、康养服务质量控制和监管、检查等出台具体政策，并在资金支持、专项补助、融资服务、税费优惠等方面制定具体细则，实施有针对性的帮扶。

使社会资金进入康养产业规范有序。二是化简登记手续，进一步降低门槛，为社会力量举办康养服务机构提供便利快捷服务。鼓励社会力量积极利用企业闲置设施资源用于提供康养服务。

（2）要完善和落实优惠政策，降低社会力量开展康养服务的门槛，建立公平、开放、透明的市场规则，对所有投资者实施同等扶持政策。出台简化、优化康养机构相关审批手续管理办法。

7.3.2　拓宽产业融资渠道

积极争取各级各类政策支持，强化康养产业资金投入，发挥政府资金的引导作用，指导帮助符合条件的企业通过资本市场融资，鼓励金融机构通过放宽信贷条件、给予利率优惠方式，支持社会力量兴办养老机构，利用财政贴息、小额贷款等方式加大对康养产业的有效信贷投入。鼓励保险公司通过股权、资产、债权、基金支持计划等形式，为康养服务企业及项目提供中长期、低成本的资金支持。

7.3.3　落实产业用地政策

将康养产业发展用地纳入土地利用总体规划、城乡建设规划和年度用地计划。康养服务设施用地符合《划拨用地目录》的，可采取划拨方式供地；农村集体经济组织可依法盘活本集体建设用地存量，为本集体经济组织内部成员兴办非营利性康养服务设施提供用地；民间资本举办的非营利性康养服务机构可以依法使用农民集体建设用地；营利性康养服务机构利用存量建设用地建设健康养老设施，涉及划拨建设用地使用权出让（租赁）或转让的，在原土地用途符合规划的前提下，允许补缴土地出让金（租金），办理协议出让或租赁手续。

7.3.4　推进康养产业标准化

由于产业标准化有利于提升康养产业技术创新水平，有利于增强康养产业稳定性，有利于促进产业内相互融通，有利于推动康养产业国际化发展，因此，康养目的地发展康养产业应该从服务国家宏观调控目标和现代产业体系发展需求出发，全面贯彻落实《国家标准化发展纲要》关于产业标准化工作的部署，以标准化水平提升、推进产业优化升级。具体表现在以下四个方面。

（1）要同步部署康养技术研发、标准研制与产业推广。健全标准化与科技创新的紧密互动机制，将标准研制嵌入科技研发全过程，加快康养新技术产业化步伐。

（2）要全面提升康养产业标准化水平，提升康养产业基础高级化、产业链现代化水平。

（3）要以标准化助力培育我国康养产业国际合作和竞争新优势。聚焦我国各区域康养产业优势，积极参与国际标准化交流合作，加大采用国际标准力度，大力推进中外标准互认，构建与国际标准兼容的康养标准体系。建立政府引导、企业主体、产学研联动的国际标准化工作机制，支持企业、社会团体、科研机构等参与各类国际性专业标准组织活动。

（4）要培养现代康养产业需要的标准化人才队伍。把加强标准化人才队伍建设摆在标准化工作更加突出的位置，构建多层次标准化人才培养培训体系，培养一批研究型人才、技能型人才，以及掌握技术和规则的复合型国际人才。

7.4　助推提升核心竞争力的业态融合

7.4.1　构建区域特色康养产业体系

要通过发展模式创新、科技创新，构建富有活力的康养特色产业体系，医疗康养、康养地产、森林康养旅游、生态文化、民族文化等，都是区域内独特的康养禀赋，地方政府应突出禀赋优势，加大健康养生、旅游休闲、生态保护的深度融合，打造具有当地特色的康养知名品牌，拓展康养发展模式，促进康养产业有序健康发展。当然，在实际操作过程中还需要根据不同地区的实际情况进行具体的规划和产业发展设计。

7.4.2　培育特色康养品牌体系

康养产业竞争力构建，应牢牢把握特色，打造一批先进的康养产业标准化示范项目和知名品牌，建立品牌培育保障体系，打响康养系列品牌。

（1）完善康养品牌体系构建。围绕区域品牌，进行品牌资源梳理，规范康养品牌命名，进行商标注册，培育康养区域品牌、产品品牌，形成"主导品牌拉动、辅助品牌支撑、子品牌推动"的特色康养品牌体系。

（2）加大康养品牌培育力度。发挥区位、文化和自然资源优势，打造康养主导品牌形象。结合区域内康养产业特色，依托特色康养资源优势，打造一批特色鲜明、竞争力强、市场信誉好的康养区域品牌，形成特色的康养名片。

（3）推进康养各子品牌建设。推进品牌商标战略的深入实施，利用政策引导、鼓励康养企业充分发挥自身优势，从细分市场入手，深挖产品特色、目标消费者需求，厘清品牌定位，设计具有康养文化特色的品牌名称、标识符号及具有美感、科技感、艺术性的产品包装，创建符合消费者认知的康养产品品牌。对于建设有初步成效，且彰显了康养文化的康养子品牌给予奖励，树立标杆，带动其他康养子品牌建设，形成系列康养产品品牌。

（4）强化康养品牌监督管理。分类制定消费供给标准体系，按标准要求加强管理，制定康养设施建设标准，包括设施设备数量、场地面积、康养服务人员配比、防火设施、专业车辆以及医疗保障配置等。

7.4.3　围绕区域特色打造康养产业城市群

不同城市在城市声誉、自然环境等方面的特色与发展基础不同，各有一定的优劣势，地理位置接近或同省（区、市）的城市可以围绕区位特点，优势互补，以康养产业为核心，加强区域康养产业内部的交叉融合，坚持纵向专业深耕，推进水平横向拓展，逐步建立起包含"康养＋工业""康养＋农业""康养＋文化""康养＋医疗""康养＋旅游""康养＋体育"等在内的康养产业发展模式，深入向城市社区和乡村基层渗透，共同壮大康养产业集群，联合打造特色各异的康养产业城市群，提高康养产业潜在消费群体覆盖面，增强区域康养产业整体吸引力。

7.4.4　加强康养特色城市营销

特色城市营销是发挥政府引导效能，助推产业集群快速形成竞争力的有效手段。

（1）发挥政府主导推动康养特色城市宣传。建立推介常态机制，政府主动承担城市康养特色传播，定期向社会发布和推介康养品牌名单，积极组织康养企业参与国际、国内品牌推介活动，加强公益广告宣传，提升宣传精准度和覆盖面，充分展现城市独特魅力。

（2）利用专业媒体公司做好康养城市传播。创新营销平台渠道，加大与主流媒体的合作，激励品牌运营公司参与到城市康养特色传播中来，提升广告宣传力度和影响力，凸显康养城市的差异性、独特性，让城市品牌得到消费者的认同，有效促进特色城市康养产品销售和品牌传播。

（3）讲好城市康养故事。利用好故事的传播力，融入区域特色文化，讲好康养故事，将城市文化作为康养产业的载体，通过故事传播将区域康养特色传递出去，吸引更多消费者，增强消费者体验感，提高城市的美誉度和吸引力。

7.5　培育数字赋能的康养新业态

数字科技的应用正在改变着康养产业的发展模式，从智能健康管理到个性化医疗服务，再到数据分析与预测，数字科技发挥着越来越重要的作用。

7.5.1　推进数字信息技术赋能康养产业发展

数字信息技术在康养产业的广泛应用，不但推动传统康养产业的"内容活化"和结构升级，还推动康养生产方式、康养文化传播方式、康养流通方式和康养消费模式的变革，引发了康养市场结构和康养产业结构的链式反应，促使我国康养产业由传统类型技术支撑下的"规模扩张"，向数字平台技术支撑下"内涵更新"的转变。在数字信息技术对康养产业的全方位、全行业、全链条改造之下，康养产业与其他产业边界、与国民经济各行业、与区域性经济社会全面融合。数字信息技术的创新不仅是出现在某个价值链环节中，而是重构了生产和消费全链条，形成了线上和线下全方位联动的全新数字生态圈。这种"生态系统"的重建，对康养产业发展具有深远影响和意义。

7.5.2　发挥数字科技对康养新业态的推动作用

数字科技对康养新业态的推动作用主要体现在以下三个方面。

（1）智能健康管理。智能健康管理是通过数字化设备和技术，对个人健康数据进行实时监测和分析，提供个性化的健康建议和预防措施。数字科技的应用可以让人们更加便捷地获取健康信息，提前发现潜在的健康问题，提高健康管理的效果。

（2）医疗服务。数字科技在医疗服务方面的应用也越来越广泛。例如，远程医疗技术可以让人们在家中就能接受专业的医疗服务，避免了时间和地理上的限制。另外，人工智能和机器学习技术可以帮助医生进行疾病诊断和治疗方案制定，提高医疗质量和效率。

（3）数据分析与预测。数字科技可以实现对康养产业数据的收集、分析和预测，为康养机构提供更加精准的市场分析和产品设计。通过对健康数据和消费行为的深度分析，康养机构可以了解消费者的需求和偏好，推出更符合市场需求的产品和服务。

7.5.3 数字康养新业态的未来发展趋势

数字康养新业态的未来发展趋势主要体现在以下三个方面。

（1）更加智慧化。未来，康养产业将更加注重数字化和智慧化的服务。通过物联网、人工智能等技术的应用，实现设备的互联互通，提供更加智能化、个性化的服务。例如，智能家居设备可以监测老人的健康状况和生活习惯，自动调整环境以适应老人的需求。

（2）更加个性化。随着消费者需求的多样化，康养机构需要提供更加个性化的服务。通过数字化技术，康养机构可以精准地了解消费者的需求和偏好，提供定制化的服务和产品。同时，消费者也可以通过数字化设备，自主选择服务内容和形式，实现更加个性化的康养体验。

（3）更加高效化。数字化和智能化技术的应用可以提高康养产业的服务效率和精度。例如，通过人工智能技术，可以实现医疗资源的优化配置，降低服务成本。同时，数字化设备可以实时收集和分析消费者数据，为服务提供者提供更加准确的信息，提高服务质量和效率。

数字科技对康养产业的发展将起到积极的推动作用，数字康养新业态将实现服务模式的升级和创新。康养机构需要积极应对新技术的发展，加强人才培养和技术创新，以适应未来康养市场的变化。

参 考 文 献

[1] 蔡政儒，杨晓波．智慧养老的现状及其未来应用模式研究［J］．科技资讯，2023，21（3）：241－244.

［2］陈芳．供给侧改革视角下的攀枝花康养产业发展研究［J］．纳税，2018，12（33）：169－170.

［3］陈海平．郑州加快发展康养产业对策研究［J］．中共郑州市委党校学报，2019（4）：99－101.

［4］陈皓阳，崔正涵，陈志全，等．积极老龄化视角下我国康养产业发展问题识别与对策研究［J］．卫生经济研究，2022，39（9）：36－38，42.

［5］陈宁．我国城市社区养老问题研究［D］．长春：吉林财经大学，2012.

［6］陈晓丽．森林疗养功效及应用案例研究——以日本、韩国为例［J］．绿色科技，2017（15）：234－236.

［7］陈心仪．我国森林康养产业发展现状与展望［J］．山西财经大学学报，2021，43（S1）：50－52.

［8］陈雅婷，郭清．浙江省健康产业集群生态圈能级跃升与业态协同发展研究［J］．健康研究，2019，39（1）：7－10.

［9］陈元刚，李家奇．基于社区医院的智慧社区健康养老模式研究——以重庆市智慧社区建设为例［J］．重庆工商大学学报（社会科学版），2023，40（3）：118－130.

［10］程臻宇．区域康养产业内涵、形成要素及发展模式［J］．山东社会科学，2018（12）：141－145.

[11] 代光举. 区域文化产业竞争力与发展研究 [D]. 成都：西南财经大学，2012.

[12] 杜玲莉. 日本森林康养基地应用案例分析 [J]. 旅游纵览，2020 (15)：9 – 11.

[13] 段学军，张潇冉，苏伟忠，等. 长江经济带高质量发展评估与时空分异特征 [J]. 长江流域资源与环境，2023，32 (9)：1773 – 1782.

[14] 房红，张旭辉. 康养产业：概念界定与理论构建 [J]. 四川轻化工大学学报（社会科学版），2020，35 (4)：1 – 20.

[15] 傅才武，明琰. 数字信息技术赋能当代文化产业新型生态圈 [J]. 华中师范大学学报（人文社会科学版），2023，62 (1)：78 – 86.

[16] 龚静，游婧，岳培宇. 攀西地区阳光康养核心竞争力的评价指标体系研究 [J]. 攀枝花学院学报，2022，39 (4)：1 – 13.

[17] 何况，苏振宇，周峰越. 度假养老型康养小镇产业发展和功能布局研究——以云南蒙自南山康养小镇为例 [J]. 城市建筑，2021，18 (7)：16 – 19.

[18] 何莽. 中国康养产业发展报告（2017）[M]. 北京：社会科学文献出版社，2017.

[19] 何莽. 中国康养产业发展报告（2018）[M]. 北京：社会科学文献出版社，2019.

[20] 洪峰，肖亮，黄丽. 藏康养概念界定、内涵与理论渊源 [J]. 攀枝花学院学报，2023，40 (4)：17 – 24.

[21] 侯水平. 康养产业县域经济高质量绿色发展新机遇 [J]. 当代县域经济，2019 (11)：10 – 19.

[22] 黄慧. 一带一路背景下沿海康养旅游产业研究 [J]. 中南林业科技大学学报（社会科学版），2016，10 (6)：77 – 80.

[23] 黄骁，王梦君，叶静，等. 我国森林康养产业研究进展与对策分析 [J]. 林业建设，2021 (3)：53 – 58.

[24] 黄志晓. 贵州森林康养旅游产业竞争力研究 [D]. 武汉：中南

财经政法大学，2021.

[25] 江生忠，杨汇潮，袁卓群．我国养老地产商业模式研究［J］.现代管理科学，2014（10）：6－8.

[26] 金碚，胥和平，谢晓霞．中国工业国际竞争力报告［J］.管理世界，1997（4）：53－67，75.

[27] 金碚．竞争力经济学［M］.广州：广东经济出版社，2003.

[28] 金琳．国资国企加快布局康养产业［J］.上海国资，2022（9）：38－41.

[29] 金媛媛，王淑芳．乡村振兴战略背景下生态旅游产业与健康产业的融合发展研究［J］.生态经济，2020，36（1）：138－143.

[30] 康露．体育产业高质量发展综合评价研究［D］.上海：上海体育学院，2023.

[31] 赖启航．攀枝花康养旅游产业集群发展初探［J］.攀枝花学院学报，2016，33（6）：6－9.

[32] 李后强．生态康养论［M］.成都：四川人民出版社，2015.

[33] 李济任，许东．森林康养旅游评价指标体系构建研究［J］.林业经济，2018，40（3）：28－34.

[34] 李强．攀枝花阳光康养旅游与房地产业良性互动关系研究［J］.攀枝花学院学报，2014，31（3）：24－25，29.

[35] 李珊珊．后疫情时期江西康养旅游差异化发展研究［D］.南昌：江西科技师范大学，2022.

[36] 李昕钰，陶林，沈瑞林．试论习近平关于卫生健康重要论述的科学内涵和实践路径［J］.南京医科大学学报（社会科学版），2023，23（2）：168－172.

[37] 李振亭，马耀峰，李创新．基于旅游竞争力效度的中国省级旅游区旅游发展态研究［J］.资源科学，2009，31（3）：450－455.

[38] 廖永林，何凤山，雷爱先，等．《养老服务设施用地指导意见》解读［J］.华北国土资源，2014（5）：6－7.

[39] 林宝. 党的十八大以来我国养老服务政策新进展 [J]. 中共中央党校（国家行政学院）学报, 2021, 25 (1)：91 – 99.

[40] 林毅夫. 新结构经济学与中国发展之路 [J]. 中国市场, 2012 (50)：3 – 8.

[41] 刘小铁, 欧阳康. 产业竞争力研究综述 [J]. 当代财经, 2003 (11)：85 – 88.

[42] 刘玉堂, 高睿霞. 乡村振兴战略背景下乡村公共文化空间重构研究 [J]. 江汉论坛, 2020 (8)：139 – 144.

[43] 鹿晨昱, 张彤, 黄萍, 等. 黄河流域高质量发展时空综合测度及影响因素 [J]. 兰州大学学报（自然科学版）, 2023, 59 (4)：476 – 483, 488.

[44] 罗俊, 朱克毓, 王晓佳. 基于大数据分析的中国医疗健康管理发展概况综述 [C] //中国管理现代化研究会, 复旦管理学奖励基金会. 第十四届（2019）中国管理学年会论文集, 2019：7.

[45] 罗毅. A 公司用户健康管理模式研究 [D]. 上海：上海财经大学, 2023.

[46] 马晓伟. 贯彻落实《纲要》全力推进健康中国建设 [J]. 时事报告, 2017 (3)：18 – 25.

[47] 宁晓梅. 宗教文化的康养旅游开发研究 [D]. 成都：四川师范大学, 2018.

[48] 潘建成. 创新是工业高质量发展的内生动力 [N]. 经济日报, 2018 – 01 – 31 (012).

[49] 潘洋刘, 曾进, 文野等. 森林康养基地建设适宜性评价指标体系研究 [J]. 林业资源管理, 2017 (5)：101 – 107.

[50] 裴长洪, 王镭. 试论国际竞争力的理论概念与分析方法 [J]. 中国工业经济, 2002 (4)：41 – 45.

[51] 秦岭. 德国 弗莱堡 圣卡洛鲁斯老年人之家 [J]. 建筑创作, 2020 (5)：140 – 147.

[52] 曲亚楠.康养旅游产业型特色小镇规划建设研究 [D].绵阳：西南科技大学，2019.

[53] 任保平，李禹墨.新时代我国高质量发展评判体系的构建及其转型路径 [J].陕西师范大学学报（哲学社会科学版），2018，47（3）：105－113.

[54] 沈玮楠.长三角一体化背景下苏州康养产业集群发展路径研究 [J].常州信息职业技术学院学报，2023，22（1）：85－89.

[55] 师博，任保平.中国省际经济高质量发展的测度与分析 [J].经济问题，2018（4）：1－6.

[56] 宿倩.城市旅游产业竞争力研究 [D].大连：大连理工大学，2004.

[57] 汪汇源.我国康养产业现状及海南康养产业对策研究 [J].农业科研经济管理，2020（1）：45－48.

[58] 王浩.区域产业竞争力的理论与实证研究 [D].长春：吉林大学，2008.

[59] 王琪延，罗栋.中国城市旅游竞争力评价体系构建及应用研究——基于我国293个地级以上城市的调查资料 [J].统计研究，2009，26（7）：49－54.

[60] 王玉鹏.攀枝花市康养产业发展的现状、问题及对策研究 [D].昆明：云南大学，2020.

[61] 王兆峰.区域旅游产业竞争力评价指标体系的构建 [J].经济管理，2009，31（8）：33－38.

[62] 王志灵.阿里健康的盈利模式研究 [D].郑州：中原工学院，2019.

[63] 魏敏，李书昊，徐杰.高质量发展背景下中国省际旅游竞争力再测度——基于PROMETHEE方法 [J].商业研究，2020（2）：91－100.

[64] 邬惊雷.坚持新理念、新战略，全面推进健康上海建设 [J].上海预防医学，2018，30（1）：3－6.

[65] 吴悠，陈明华．抗疫精神融入高校生命教育的必要性研究 [J]．和田师范专科学校学报，2022，41（3）：23-27.

[66] 吴悠．习近平关于抗疫精神的重要论述研究 [D]．南昌：东华理工大学，2023.

[67] 向游芳．"老龄人口红利"的养老保障体系探讨 [J]．现代商贸工业，2011，23（16）：50-51.

[68] 肖亮．康养产业融合发展内在机理与实施路径研究 [M]．北京：九州出版社，2020.

[69] 许贤棠，胡静，刘大均．中国省域旅游业的竞争力评价及空间格局 [J]．经济管理，2015，37（4）：126-135.

[70] 杨春季，魏远竹．森林休闲产业竞争力评价及障碍因素诊断分析 [J]．东南学术，2018（3）：132-140.

[71] 杨锐．产业链竞争力理论研究 [D]．上海：复旦大学，2012.

[72] 易慧玲，李志刚．产业融合视角下康养旅游发展模式及路径探析 [J]．南宁师范大学学报（哲学社会科学版），2019，40（5）：126-131.

[73] 于翠凤．文旅产业竞争力评价、驱动因子及预测研究 [D]．太原：山西师范大学，2022.

[74] 禹新荣．县域经济产业竞争力研究 [D]．长沙：中南大学，2010.

[75] 张贝尔，黄晓霞．康养旅游产业适宜性评价指标体系构建及提升策略 [J]．经济纵横，2020（3）：78-86.

[76] 张海燕，王忠云．基于产业融合的文化旅游业竞争力评价研究 [J]．资源开发与市场，2010，26（8）：743-746.

[77] 张兴毅．加快构建现代产业体系的思路和对策——打造"夏养山西"康养产业品牌 [J]．经济师，2022（5）：132-133，135.

[78] 张志勇．康养产业发展视角下济南市健康养老服务业创新转型发展问题研究 [J]．山东商业职业技术学院学报，2019，19（5）：1-5，9.

[79] 赵云云．基于产业融合理论的养生旅游集群发展研究 [D]．

杭州：浙江工商大学，2011.

［80］中国社会科学评价研究院课题组，荆林波. 中国城市康养产业发展评价：基于 AMI 评价模型［J］. 体育科学，2022，42（11）：3 – 10.

［81］周功梅，宋瑞，刘倩倩. 国内外康养旅游研究评述与展望［J］. 资源开发与市场，2021，37（1）：119 – 128.

［82］周玄德，窦文章，梁滨，等. 城市旅游竞争力模型构建及计量分析——以江苏省 13 市为例［J］. 数学的实践与认识，2020，50（3）：60 – 68.

［83］朱茜. 全面解析康养产业：中国的养老事业新"风口"［J］. 现代商业银行，2019（22）：86 – 88.

［84］朱艳. 河南省康养产业可持续发展问题及对策研究［J］. 价值工程，2019，38（30）：98 – 99.

［85］庄明慧. 文旅融合产业发展评价体系构建与应用研究［D］. 上海：华东师范大学，2022.

［86］邹成成. 绿色发展视域下中国森林旅游产业竞争力研究［D］. 哈尔滨：东北林业大学，2020.

［87］邹再进，刘芳. 云南省域森林康养产业竞争力组合评价模型与实证研究［J］. 生态经济，2022，38（8）：112 – 118，152.

［88］Carrera P M，Bridges J F. Globalization and Healthcare：Understanding Health and Medical Tourism［J］. *Expert Review of Pharmacoeconomics & Outcomes Research*，2006，6（4）：447 – 454.

［89］Goodrich J N，Goodrich G E. Health care Tourism – An Exploratory Study［J］. *Tourism Management*，1987，8（3）：217 – 222.

［90］Mueller H，Kaufmann E L. Wellness Tourism：Market Analysis of a Special Health Tourism Segment and Implications for the Hotel Industry［J］. *Journal of Vacation Marketing*，2001，7（1）：5 – 17.

［91］Schalber C，Peters M. Determinants of Health Tourism Competitiveness：An Alpine Case Study［J］. *Tourism*，2012，60（3）：307 – 323.